JN013432

果物をまいにち食べて健康になる

田中 敬一
間苧谷 徹 共著

はじめに

　果物を［嫌い］という人は、少ないと思います。

　日本は四季折々、様々な果物に恵まれています。食べておいしく、季節感も味わえる。私たちの食生活をより豊かにしてくれる、まさに恵みです。一方、果物のもたらす健康面での効果について考えると、日本人の果物摂取量は世界的に見ても、残念な数値にとどまっていると言わざるを得ません。

　少し硬い話で恐縮ですが、数字をあげてご説明しましょう。果物を１人１日当たり300ｇ以上摂取している国は、世界にどのぐらいあるか。その中で日本はどの程度に位置しているのか。国連食糧農業機関（FAO）の統計（2011年）によると、わが国の果物摂取量（１人１日当たり）は140ｇ。これは世界でも最低のクラスに属します。

　ではなぜ、わが国の果物摂取量はこれほど少ないのでしょうか？その理由は主に二つあります。

理由１：果物はぜいたく品だと思われているから

　果物は古くから［水菓子（みずがし）］とも言われ、食生活の必需品ではないと考えられてきました。生きるための食事とは別の、楽しむためのもの、という考え方です。この考え方のおかげで、果物＝ぜいたく、という価値観にも結び付きました。いわば、わが国の「悪い食文化」のひとつでしょう。

理由２：果物は太る、という誤解があるから

　果物を食べると「血糖値が上がる」「太る」「中性脂肪が増える」などの誤解が、根強く信じられています。おいしいもの＝太る・体に良くない。長く続くダイエットブームの弊害ともいえる間違った

健康知識と言わざるを得ません。

　果物の魅力を正しく知ってもらうためには、これらの［先入観］が間違いであることを、まず説明する必要があるのです。人間と果物の関りと歴史について知ることもまた、果物をより深く理解し楽しむ方法の一つです。

　果物が現在の形になるまでには、

- ・古代に世界のどこかで誕生し
- ・世界各地に伝わり
- ・その地域の自然環境に適応して形を変え（また人によって変えられ）
- ・逆に、人と文化に影響を与えながら

と、延々と長い歴史を歩んできています。多くの国で果物は私たち人間の仲間であり、その思いは神話・逸話などにも残されています。しかし、わが国では、果物の神話・逸話が非常に少ないことも事実です。

　我々、果樹研究に携わってきた者の使命の一つに、果物が生活習慣病を防ぎ、健康寿命を伸ばすことを多くの人に知って頂くことがあります。この目標のためには、果物にまつわるまことしやかな誤解を科学的に解き、その魅力を文化的な面からも知っていただく必要があります。そこでこのたび、『果物をまいにち食べて健康になろう』という本書を執筆することにしました。

　執筆にあたっては、より多くの読者に楽しんでいただき、食生活のお役に立てるよう心がけました。果物の健康機能性に加え、果物の選び方や味わい方を紹介。果樹の原産地、そこからの伝播、その過程での神話・逸話など、果樹と人間との関わりなどにも言及しま

した。これにより、前述した果物への誤解を解き、興味を呼び起こし、果物の消費を伸ばすことにつながることを期待しております。

　日本の果樹栽培と科学的な研究については、明治35年（1902年）の農商務省農事試験場園芸部の新設により、本格的な幕開けとなりました。同部は2016年4月に農研機構果樹茶業研究部門に組織再編されるまでに、園芸試験場、果樹試験場、果樹研究所など名称は色々と変わってきました。そこで本書では、統一名として果樹研究所という名称を用いました。

　なお、本書の出版にあたっては、出版プロデューサーの山口晴之氏、編集者の浅野裕見子氏に尽力いただきました。ご両名に、心から感謝いたします。

目　次

はじめに ——————————————— 3

序　章　日本は「果物消費量」が少ない

　1.　果物摂取量の国際比較 ………………………… 10

　2.　日本人は1人1日当たり何g食べている？ …… 11

　3.　果物をまいにち食べているという人は
　　　　4人に1人以下！ ………………………… 13

第1章　果物をまいにち食べて健康になる

　1.　果物と健康の歴史 ……………………… 16

　2.　果物にまつわる誤解を解く！ ……… 37

　3.　健康の維持・増進のための食事 …… 55

第2章　果物を哲学的、医科学的な視点で
　　　　　見直そう

　1.　生物としてのヒトの食事 ……………… 74

　2.　技術の進歩と欲望 ……………………… 75

　3.　デザイナーズフーズ計画、
　　　　活性酸素有害仮説の終焉 ………… 77

4. サプリより果物が豊富な
　　植物ベースの食事が優れている理由 ……… 79

5. 持続可能な地球の創出のためには
　　果物が豊富な健康的な食事がいい ……… 81

6. なぜ、果物を食べる必要があるのか ……… 83

第3章　果樹の生理・歴史・逸話と
　　　　果物の栄養・健康機能性

1. 果樹と野菜の違いを知る ……………… 86

2. 樹種別の生理、歴史と逸話 …………… 87

　　温州ミカン 87　　　中晩柑 94　　　リンゴ 100
　　日本ナシ 107　　　西洋ナシ 114　　　モモ 118
　　スモモ・アンズ 125　　　オウトウ（サクランボ）129
　　ウメ 134　　　クリ 141　　　イチョウ 146
　　ブドウ 150　　　カキ 158　　　ブルーベリー 164
　　ビワ 168　　　キウイフルーツ 172　　　イチジク 176
　　オリーブ 181　　　アボカド 184　　　パイナップル 187
　　バナナ 190　　　マンゴー 193　　　イチゴ 198
　　メロン 206　　　スイカ 210

第4章　果物を上手に活かす

1. 果物の甘さと美味しさ ………………… 220

2. 果物を調理する場合は？ ……………… 222

3. 果実の貯蔵法と出回り時期 …………… 225

《参考》　果物の主な健康機能性成分と効能 ……………………………… 228

引用文献 ………………………………………………………………… 236

序　章

日本は「果物消費量」が少ない

1. 果物摂取量の国際比較

　「はじめに」でもお伝えした通り、日本人の果物の摂取量は世界的に見ても、かなり低い数値で推移しています。

　国連食糧農業機関（FAO）[※]の統計（2011年）によれば、果物（果樹とイチゴ、スイカ、メロン含む、ワインを除く）の摂取量が一番多い国はオランダで、1人1日当たり444g摂取しています。次に、オーストリア（400g）、イタリア（386g）、ブラジル（382g）、ノルウェー（378g）、カナダ（354g）、イギリス（334g）、ギリシャ（331g）、フランス（302g）が続き、米国は266g、ポーランドは149gです。

　なお、日本の摂取量は140gで、中国の223g、韓国の184g、インドの141gよりも少ない状況で、世界の中でも最低のクラスに属しているのです。

※国連食糧農業機関：世界の人々の栄養と生活水準、農業生産性向上を目指す国連専門機関

2. 日本人は1人1日当たり 何g食べている？

　2018年12月に厚生労働省が公表した2017年『国民健康・栄養調査』の結果を見ると、わが国の1人1日当たりの果物摂取量は全体で105.0g（男子が95.4g、女子が113.8g）です。表1を見ると、特に20〜49歳の働き盛りの人の摂取量が極めて少ないことが分かりますね。働き盛りの人こそ栄養が大切であり、果物を積極的に摂ってもらいたいのに、これでは問題です。

　一方、7〜14歳の子供が20〜49歳の人より多く摂取しているのは、学校給食に果物が出るからです。ただ、実際に学校給食に出る果物

表1　わが国の1人1日当たりの果物摂取量

	男（g）	女（g）
1〜6歳	101.2	96.4
7〜14歳	73.9	82.1
15〜19歳	74.9	69.9
20〜29歳	54.9	59.9
30〜39歳	41.0	56.7
40〜49歳	51.1	66.7
50〜59歳	67.8	98.5
60〜69歳	108.8	141.7
70歳以上	147.7	158.0
平均（総数）	95.4	113.8

資料：厚生労働省の、2018年に公表した『国民健康・栄養調査』（毎年11月に調査され、2017年は3,076世帯、6,962人を対象に調査）
（注）果物には、果樹以外にスイカ、メロン、イチゴ、果汁、ジャムを含む（皮、芯などの廃棄部分は含まない）

の量は、文部科学省が定めた1人1回当たりの30〜40gに比べるとはるかに少なく、小学校で14.4g、中学校で16.9g（2015年度）となっています。

　2020年の調査でも、1人1日当たりの果物摂取量は全体で96.4g。なんと、100gを下回り、2017年よりも減少しています。過去10年間の推移を見ると、年によって増減を繰り返しながらも、徐々に減少しているという傾向が見られます。つまり、わが国の果物摂取量は、目標とする200gの半分程度という貧弱な状況なのです。

3. 果物をまいにち食べているという人は
　4人に1人以下！

　日本人はどれくらいの頻度で果物を食べているのでしょう。本書をお読みいただいている、あなた自身はどうですか？　何らかの形で、1日1回は食べる機会があるでしょうか？　調査によれば、果物を毎日摂取している人の割合は、全体で24.2％。つまり、ほぼ4人に1人は毎日食べている、ということですね。では年齢別でみるとどうでしょうか。

　60歳代…40.2％、50歳代…26.1％、40歳代…19.3％、30歳代…18.5％、20歳代…12.9％で、若い世代ほど食べている人が少ないことが分かります。（『中央果実協会ニュースレター』から引用）。

　果物と一口に言っても種類はたくさんあります。ではいったい何を食べているのか。これも調査から分かっています。2020年の家計調査によると、1世帯当たりの種類別の購入量は、1位がバナナの6.5kg、2位がリンゴとミカンの3.4kg、となっています。冬になればリンゴやミカン。ほぼ通年、青果売り場に並ぶバナナ。なるほど、と思い当たる人も多いのではないでしょうか。

　しかし、果物はこの3種類だけではありません。日本国内で生産される果物はもちろん、輸入品も含め、果物にはもっとたくさんの種類があります。果物のおいしい時期を知ることは、出盛り＝価格も安くなる時期を知ることにもつながります。よりおいしいものを選ぶ知識も、持っておいて損はありません。広く流布した誤解のおかげで、みすみす果物を楽しむチャンスを見逃している人の、なんと多いことか！　そのために、本書を活用していただければ幸いです。

◆果実と果物はどう違う？

　日本語には、同じものでも何通りもの言い換えができるなど、非常に豊かな語彙があります。果物と果実もその一つですね。しかし、厳密には果物と果実は違います。『広辞苑』によれば、

　　果実＝"種子植物の花が受精し、その子房及び付属した部分
　　　　　が成熟・発育したもの"
　　果物＝"草本の果実で食用となるもの"

と記されています。また一方で果物は、"消費段階の言葉。木本性植物や草本性植物の果実で、甘く、主として生で食べるものを果物とする"と定義することが多いようです。しかし、言葉として使用する段階では、両者を区別しがたい場面も多々あります。そこで、筆者が消費段階の言葉と判断できる場合は果物を、それ以外は果実という言葉を用いました。

第1章

✤

果物をまいにち食べて
健康になる

医学、栄養学的に見て日本人に最も不足しているのは果物です。果物は、長年にわたって誤解され続けてきました。「食べても食べなくてもよいもの」という扱いを受けてきました。それどころか、「太りやすいもの」、「生活習慣病の原因」とさえ言われてきました。そこで、本章では生命の誕生から最新の医学、栄養学の進歩の歴史を解き明かし、果物にまつわる誤解を解きたいと思います。

1. 果物と健康の歴史

1) 生命の誕生から狩猟採集の時代まで

（1）植物と動物の生存戦略と進化と食物連鎖

　「恐竜はリンゴを食べていたと思いますか？」。ここでは、植物と動物の相互依存と進化について紹介します。普段はあまり意識しませんが、私たちの身体には生命誕生から進化した現在までの歴史が刻まれています。地球が誕生したのは約43億年前です。それから3億年後の40億年前に生命が誕生し、約20億年前に酸素呼吸に関わるミトコンドリアを細胞内に取り込んだ私たちの祖先である真核生物が生まれました。

　生命は、生きるために、エネルギーを必要とします。そのため、植物は光合成を行い、エネルギーを得ています。草食動物や雑食動物は、植物を餌としてエネルギーを得ています。一方、動けない植物は、動物に食べられることで移動が可能となります。このように植物と動物は生きるために相互依存しています。植物が進化すると、動物も進化した植物を食べるのに適するように形態や生理機能を進化させます。

　進化の歴史の中で、動植物が大きく変わる時代を大進化と言います。地球上の酸素が急増した古生代を代表する植物はシダ植物で、動物は大型昆虫です。中生代は裸子植物と恐竜の時代で、新生代は被子植物とほ乳類が繁栄しています。植物と動物は相互に依存しながら大きく進化してきました。

16

　さて、裸子植物などを食べていた恐竜は、約6500万年前、隕石の衝突で地球環境が激変したことで絶滅しました。その後、裸子植物を食べる恐竜に代表される中生代が終わり、栄養価の高い被子植物（いわゆる果実がなる植物）を食料とするほ乳類が繁栄する新生代となりました。

　被子植物であるリンゴが生まれたのは、新生代の6500万〜6000万年ほど前のことです。従って、恐竜は、リンゴを食べていません。植物の進化は、それを食べる動物の進化を促します。進化の歴史の観点から考えると、被子植物とヒトは相互依存の関係にあります。

　最新の分子遺伝学の観点から、摂取する食物を生物学的情報としてとらえると、食物連鎖に新しい意味が与えられます。私たちの体は食べたもので作られていることから、分子レベルに至るまで、食物の影響を受けると考えられています。例えば、母親の食事によって、母乳に含まれるビタミン、ミネラルなどのレベルが変化します。この栄養情報が赤ちゃん自身の遺伝子発現のレベルに影響を与えることが示唆されています。つまり、私たちは、食物連鎖の一部なのです。私たちが食べる食べ物は、細胞内の遺伝子発現だけでなく、腸内などに生息する微生物の遺伝子発現にも影響を与えていることが分かってきました。

　科学者たちは、摂取する食物の分子遺伝的なメッセージと食物連鎖、健康における役割を解読しつつあります。こうした食事などが遺伝子発現にどのように作用するかを研究する新しい緊急領域をエピジェネティクスと言います。食物と遺伝子の相互作用が食物連鎖などにどのような影響を与えるかの研究は緒についたばかりですが、大変興味深い分野です（食事と健康についてのエピジェネティクスについては、項を改めて解説しています）。

（2）狩猟採集時代の食生活と健康

　生物としての私たちの祖先は何を食べていたのでしょうか。私たちヒト（ホモ・サピエンス）は、霊長類に属しており、チンパンジーやゴリラも霊長類です。なおかつ、ヒトとチンパンジーやゴリラとは、DNA が98％以上同じで、ビタミンＣの合成能力がないことも共通しています。従って、チンパンジーなどの食行動を観察すれば、生物としてのヒトの食行動の理解の助けになると期待されます。

　チンパンジーは、90％以上がビタミンＣが豊富な果物など植物性の食料で、肉食については３％ほどです。ゴリラは、動物性の食料はわずか１％です。つまり、両者はビタミンＣが豊富な果物など植物性食料を主体とする雑食動物なのです。それではヒトはどうでしょうか？

　文明以前の狩猟採集時代の祖先の食生活は、どんなものだったのでしょうか。今も１万年以上前の狩猟採集時代とほぼ同じ生活をしているアフリカのサン族の人たちの食生活を調べたところ、ビタミンＣが豊富な植物性食料を70〜80％摂取していました。内訳は、果物や野菜、根菜類、ナッツ類などでした。こうした研究から、果物はヒトを含む霊長類に必須の基本的な食材であることが分かりました。

　では、狩猟採集時代の人たちは、健康だったのでしょうか。長い間、飢餓に悩まされ、栄養失調だったと考えられてきました。ところが、サン族の人たちの体を調べた研究によると、非常に健康的であることが分かったのです。ビタミンＣが豊富な果物など植物ベースの食事が、ヒトの生命原理に合致していると考えられました。

（3）ミトコンドリア・イブとは？

　現在、地球に住んでいる私たち全員が、ホモ・サピエンスです。かつては、ネアンデルタール人など人種が異なるヒト属も一緒に暮らしていましたが、現在ではホモ・サピエンス以外は絶滅してしまいました。このことが明らかになったのは1987年に科学雑誌「ネイチャー」に発表された「ミトコンドリア DNA と人類進化」の論文で、世界に衝撃を与えました。私たちの母系の祖先をたどっていくと、アフリカで生まれたひとりの女性、ミトコンドリア・イブにたどりつきます。ミトコンドリア・イブが細胞内に持っているミトコンドリアを受け継がなかった子供たちは、いつしか滅亡してしまいました。なぜ滅亡したのかは、まだ分かっていません。つまり、現在生きている私たちは、国籍や民族を問わず、全員がイブからミトコンドリアを受け継いだ子孫で生命維持の基本原理は同じなのです。

　ヒトの健康や栄養を考える時、私たちは欧米のデータを基にすることがあります。そのことに対して、「日本人と欧米人は人種が違うのだから、欧米の調査データは日本人にはあてはまらない」と言う専門家がいます。確かに、日本人特有の食習慣もありますし、ライフスタイルも違いますが、人種は欧米人も日本人も同じです。ヒトとしての生命原理は同じですから、栄養に関しても、欧米人のケースが日本人にあてはまらない、ということはありません。

2) 農耕と牧畜の始まりから第二次世界大戦まで
──果物不足の時代

（1）農耕と牧畜の時代

　約１万年ほど前、ヒトは農耕と牧畜の技術を手に入れました。穀物を栽培し、家畜を飼育するようになり、安定的に食料を手に入れ

ることができるようになりました。人類史上、最も大きな革命です。食料（エネルギーとタンパク質源）を確保し、飢えに悩まされることなく定住できるようになったのですから、大きな進歩です。しかし、発掘された人骨の分析から、骨が弱くなっていたことが分かりました。

　骨の構造を支えるのに欠かせないのがコラーゲンです。骨と言えばカルシウムとビタミンＤが重要、ということはよく知られていますが、骨の構造を強い組織にするためにはコラーゲンが必須なのです。そのコラーゲンを合成するには、ビタミンＣが必要です。ところが、体内でビタミンＣを合成することができない私たちは、果物などからビタミンＣを取り入れる必要があります。しかし、果物などの採取をしなくなった農耕と牧畜時代の人々はビタミンＣが不足するようになり、骨が弱くなりました。

　農耕と牧畜を始めた祖先は、狩猟採集時代の人々に比べて骨が脆くなってしまったのです。エネルギーとタンパク質は確保できたのですが、ビタミンやミネラルが不足するようになり、栄養バランスが崩れてしまいました。

（2）壊血病とビタミンＣ

　15世紀、大航海時代が始まりました。その時代の船乗りたちを苦しめたのが壊血病です。壊血病になると目から血がでるなど体中の血管が破れ出血します。その苦痛は、激しく耐えがたいもので、うめき苦しみながら死んでゆきました。船乗りたちは、海賊に出会うよりも恐ろしいと感じていたようです。

　出航すると、何カ月にもわたって海を航海します。途中、寄港地で食料などを積み込みますが、保存技術が未熟だったため、船乗り

たちの食事は、乾パンやビスケット、肉の塩漬けなどで、果物など生鮮食品はありませんでした。こうした航海で不足したのがビタミンCでした。壊血病は、ビタミンCの不足が原因です。

　血管はコラーゲンでできています。コラーゲン合成にはビタミンCが必須です。そのため、ビタミンCが不足するとコラーゲンの合成ができなくなるため血管が脆くなり破れてしまいます。当時、この病気とビタミンCとの因果関係に気が付いた人物がいました。イギリス海軍の軍医、ジェームズ・リンドです。彼は、ビタミンCが豊富なカンキツと壊血病の関係について世界で初めて臨床試験を行い、カンキツ果実を摂取すると壊血病を予防できることを発見し論文を発表しました。しかし、海軍は、その論文を無視しました。

　約50年後、この論文が再発見され、イギリス海軍の水兵たちにビタミンCが豊富なライムなどが配布されました。すると、壊血病は激減し、患者数が0になりました。イギリス海軍の水兵をライミーと呼ぶことがありますが、これは、「ライムを食べる人たち」に由来します。

　大航海時、造船技術の発達により外洋に航行できるようになったことが、船員に壊血病が蔓延した原因です。技術の進歩には表と裏があることの典型的な例です。

（3）産業革命と健康

　技術の進歩と発展の歴史の中で、農業革命に匹敵する大きなエポックは、産業革命です。蒸気機関が発明され、あらゆる産業で機械化が飛躍的に進みました。食品業では、製粉技術や製糖技術の発展が挙げられます。こうした加工技術の進歩は、今日私たちの食生活にも大きな影響を与えています。製粉技術が進んだことで、パンや

パスタは劇的においしくなりました。穀類から雑味のもとになる皮や胚芽を取り除けるようになったからです。しかし、そのせいでビタミンやミネラル、食物繊維の豊富な部分が捨てられてしまうことにもつながりました。

製糖技術も同様です。サトウキビなどの原料から、甘味成分だけを取り出して砂糖にする技術開発が進みました。その結果、手軽に甘味を手に入れられるようになりました。そのため、ヒトは体が必要とする以上に甘味を消費するようになり、生活習慣病のリスクを高める結果となりました。

産業革命は、やがて戦争をもたらしました。19世紀ごろ、南アフリカで起こった戦争でイギリスは志願兵を募りました。しかし、身体検査をしてみると彼らのなんと40％もが栄養不良であることが分かったのです。果物や野菜などをほとんど食べることがなかった労働者に産業革命の負の影響が現れていたのです。

（4）ナイチンゲールと栄養バランス

近代看護と看護教育の創始者として知られるフローレンス・ナイチンゲール（1820〜1910年）について、栄養学の観点からも、忘れてはならないのがクリミア戦争（1853〜56年）での仕事です。

戦時下、最も兵士が命を落としたのは、戦場ではなく、病院でした。当時の病院の環境は劣悪だったのです。清潔な水、十分な栄養、傷病兵にとって最も重要であるはずの要素がまったく整備されておらず、それが高い死亡率へと結びついていました。そのことに最初に気づき、問題視し、統計データを用意して軍を説得したのが、ナイチンゲールでした。

彼女は、病人やけが人の回復には、清潔な環境と十分な栄養が大

切であることを、データをグラフ化して示しました。その結果、環境の整備が進み、傷病兵の死亡率が60〜40％にまで低下しました。さらには清潔な水と、果物と野菜を十分に用意したことで、最終的には死亡率を2％にまで抑え込みました。

　健康には、清潔な環境と果物を含む栄養バランスが大切なことを明らかにした歴史的なエピソードです。

（5）第二次世界大戦下のイギリスと日本の栄養状況

　イギリスはこうした歴史的経験を踏まえ、学んでいました。第二次世界大戦中、イギリス国民に果物や野菜の摂取が推奨されました。一方、日本では国政府により果樹の伐採命令が出されました。第二次世界大戦ではイギリスも日本も食糧難に陥り、食料配給制度を導入しましたが、栄養学的な考え方にイギリスと日本との間には決定的な差がありました。

　イギリスでは、BBC（イギリス放送協会）が栄養研究の天才と称えたエルシー・ウィドウソン（1906〜2000年）らが、自らの体を実験台に、何を・どんなバランスで食べれば健康が維持できるか実験しました。こうした研究結果に基づいて果物や野菜を中心とした食料配給制度が提唱されました。戦後、この時期はイギリス栄養学史上、最も栄養バランスが健康的であったと評されました。

　一方、日本は、東條内閣の時代で、果物は贅沢品である、として、「果樹を伐採せよ」との命令を出しました。それまで大阪府は、みかんの産地でしたが、この命令で多くのみかんの樹が処分され、戦後も復活できませんでした。

　果樹は傾斜地で育ちますが、傾斜地の果樹を伐採しても、そこにすぐ田んぼを作れるわけではありません。栄養バランスや果樹の現

場の状況を良く知らない官僚たちが、「果物は贅沢品」、「食べても食べなくても良い」と考え、伐採命令を出したと考えられました。この命令は、果樹産地を衰退させただけでなく、国民の栄養不足を助長することになりました。このエピソードの根底に流れている誤った考え方は、今も生き延びています。

3) 現代：果物摂取と生活習慣病予防
——果物の再評価の時代

（1）生活習慣病が増加——ラロンド・レポート

　第二次世界大戦後、世界は大量生産、大量輸送、大量宣伝の時代に入りました。食品産業も例外ではなく、栄養不足の時代から栄養過多、偏りの時代となり、生活習慣病のリスクが高まり、人々の健康を脅かし始めました。各国ともにこの問題に取り組みましたが、生活習慣病予防を政策課題として認めた最初の国はカナダでした。カナダのラロンド厚生相が1974年に作成した「ラロンド・レポート」では、医者が治せるのは病気であって、人々の健康を維持し、病気から守るには医者だけでは成し得ないことを明記しました。生活習慣病の予防には食生活など生活習慣の改善が重要であることを指摘したのです。病気の治療から予防へと政策の重点が移るパラダイムシフトが起きました。

（2）がんとの闘い——果物と野菜でがん予防

　第二次世界大戦後、先進諸国では生活習慣病の増加がクローズアップされるようになりました。1945年、アメリカのフランクリン・ルーズベルト大統領が高血圧性脳内出血によって死去したことから、高血圧や心臓疾患、脳疾患、がんなどに対する研究への取り組みが

始まりました。

　戦後アメリカでは、がんの罹患率、死亡率ともに増加の一途をたどっていました。そこで、1971年、リチャード・ニクソン大統領は、「War on Cancer（がんとの闘い）」を政策課題に掲げ、100億ドルもの予算を計上し、がんの治療法の確立を目指しました。しかし、国策として取り組んだにもかかわらず、死亡率も罹患率も下がらなかったのです。とはいえ、大きな予算を投入したことから、がんの治療法や基礎研究は進みました。

　そのため、がんの原因を探るために疫学調査が行われました。1982年に発表された研究結果は、大気汚染などを疑っていた専門家を驚かせました。がんの発症を予防するには、「喫煙をやめること」、「果物と野菜を多く摂取すること」が大切であることが分かりました。この研究報告は、果物に対する見方が変わる大きな第一歩となりました。

　しかし、その当時はアメリカでも果物は健康にとってマイナスな存在、ととらえられていました。果物には果糖が多く含まれていることから、高脂血症（脂質異常症）の原因と疑われていました。そのため、果物の摂取は、がんの予防にはよいけれど高脂血症を誘発するのではないかと懸念されたのです。

（3）「糖を含む果物は有害」説は正しいのか？

　「果物有害説」は果たして正しいのか。それを確認するために、アメリカ食品医薬品局（FDA）は、果物に含まれる果糖やその他の糖分と生活習慣病との関係について調査しました。糖分と生活習慣病の関連性についての、過去の膨大な論文を検証したところ、果物に含まれる果糖は、高脂血症の原因ではないことが明らかになっ

たのです。さらに、果糖は肥満や心臓病などの直接の原因ではない
ことも分かりました。1986年に発表された研究論文は200ページを
超える大作で、それまで百年間続いていた栄養学、医学の常識を覆
したことから世界中の専門家に衝撃を与えました。

　FDA の出した結論は、正しいのか？ 世界中から再検証を求める
声が上がりました。そこで、世界保健機関（WHO）は、ローマに
世界各国から専門家を集め、FDA の出した結論について検証を行
いました。その結果、FDA の報告に矛盾はなく、公表された研究
結果は、正しいと結論付けました。さらに、果物などに含まれてい
る糖類はエネルギー源として重要であると付け加えました。

（4）「5 A DAY 運動」の成果
──アメリカで最も成功した栄養政策

　アメリカでは1991年、がん予防を目的に「5 A DAY」という食
生活改善の運動が始まりました。これは「1日5サービング（摂取
単位）の果物と野菜を食べましょう」というもの。1サービングは、
1食分のことで、果物なら、握りこぶし1個分です。

　「大ざっぱすぎないか」、「政府が推奨する量のビタミンやミネラ
ルを摂取できるのか」など、疑問が寄せられました。しかし、この
「大ざっぱ」が、この運動のポイントなのです。事細かに指示され
て、それを守り続けることはできますか？ 細かすぎる食事指導を
守るのは難しいものです。アメリカでは、「5 A DAY 運動」以前
の細かな食事指導はうまくいきませんでした。

　また、アメリカは、移民国家のため、すべての国民が英語を理解
しているとは限らないのです。そこで、誰もが簡単に理解できる食
生活指導基準として誰にでも分かりやすい「サービング」の考え方

◆サービングの科学的裏付け

　サービングとは重量の単位でもカロリーの単位でもありません。単純に「一回に食べる量」のことです。これを重量当たりのカロリー計算などに置き換えようとすると、複雑すぎてうまくいきません。また、このサービングという概念は野菜や果物に限ったものではなく、炊き込みご飯でも目玉焼きでも、一食当たりのおおよその目安の単位として扱われています。「とはいえ、バナナとオレンジは同じカロリーなの？」「こんなに大ざっぱで大丈夫なの？」との疑問を持つ人もおられるのではないでしょうか。そこで、政府が推奨する栄養推奨量と、サービングを用いて実際に摂取したカロリーや栄養素についてアメリカ・タフツ大学とハーバード大学の研究チームが、男性2138人、女性2213人を対象に調査し検証を行いました。

　その結果、ビタミンやミネラルの摂取基準を定めた推奨食事許容量（RDA）と適量摂取（AI）の栄養基準に対しては、摂取量がやや不足気味の成分もありましたが、サービングを利用して食事をすれば、適正なカロリーを摂取できるだけでなく、栄養バランスが保てると報告しています。

　あまりに厳密さを追求すると、現実からかけ離れてしまって、続けることが困難になり脱落してしまいます。このサービングという単位は、１回当たりで見ると科学的には厳密ではありませんが、長い期間で見ると一定した値となり、食生活改善の手だてとして有用であることが科学的に立証されました。

が採用されました。

　この運動は大きな成功を収めました。最初に、がんによる死亡率が減少しました。続いて罹患率も下がりました。運動が開始されてから10年が経過した2001年の査定では、アメリカで最も成功した健康施策の一つと、高い評価を受けました。

　現在ではこの運動の実績と研究の進展から、果物と野菜の1日の摂取目標は5〜13サービングとなりました。そして、当初、がん予防を目的としていましたが、果物と野菜の摂取は心臓病など、がん以外の生活習慣病の予防にも有効であることが明らかになりました。

（5）果物と野菜で高血圧予防——ダッシュ（DASH）ダイエットの開発

　さらに果物の誤解を解く研究論文が、1997年に医学の世界で最も影響力の大きい、「ニューイングランド・ジャーナル・オブ・メディシン」に掲載されました。この研究論文は、それまでの栄養学をリードしてきた「単一（あるいは複数）の栄養素欠乏」理論を否定し、疾病予防には食事全体の改善が必要であるとの指摘から始まっています。

　成人459人を対象にした臨床研究では、①多くのアメリカ人が食べている典型的な食事摂取群、②アメリカ人が食べている食事と同じですが、果物と野菜の摂取を加えた摂取群、③果物と野菜が豊富で栄養バランスの良い食事群の3つのグループを比較しました。

　試験の結果、②果物と野菜の摂取を多くした食事群と、③果物と野菜が豊富で栄養バランスの良い食事群の血圧が劇的に下がりました。特に、③果物と野菜が豊富で栄養バランスの良い食事群は、血圧を下げるのに顕著な効果が認められました。

そこで、血圧低下に最も効果的であった食事を、ダッシュ（DASH）ダイエット（Dietary Approaches to Stop Hypertension）として公表しました。

ダッシュ・ダイエットは、ビタミンやミネラル、食物繊維が豊富な果物と野菜を多く摂取するとともに、低脂肪の乳製品、全粒穀類、魚、鶏肉、ナッツの摂取を増やし、脂肪、菓子、加糖飲料を減らすことに特徴があります。果物は野菜と同じ量で、毎日４〜５サービングの摂取が推奨されています。

この先駆的なダッシュ・ダイエットは、高血圧予防に効果的であるだけでなく、２型糖尿病、心臓病など生活習慣病予防効果についても高い評価を受け、各国の食事ガイドラインの基準に採用されています。同時に、果物は高脂血症を誘発するとの医師や栄養士の疑いを完全に払拭するものとなりました。

（6）食事バランスガイド──栄養学史上初めて果物に摂取目標（200g）

過去において、「欧米諸国と比較して優れたバランスを持つ日本型食生活の優れた点を評価し、栄養的な観点はもとより、総合的な食料自給力維持の観点からも、日本型食生活を定着させる努力が必要」との農政審議会の答申を受け、1983年（昭和58年）に、「私達の望ましい食生活─日本型食生活のあり方を求めて」とした政府方針がまとめられました。しかし、この戦前の栄養学の流れを受けた「日本型食生活」には、果物の摂取目標は含まれていませんでした。

では、米と野菜、魚中心の「伝統的な」日本型食生活パターンは、十分に健康的なのでしょうか。九州大学の研究チームは、「伝統的な」日本型食生活を「果物」と「乳製品」の摂取量が少ない食事パ

ターンと定義し、動物食品の摂取量が多い欧米型食事パターン、果物と乳製品を含むバランスの良い食事パターンと、2型糖尿病の発症リスクとの関係を調査しました。

その結果、果物と乳製品を含むバランスの良い食事パターンの人は、2型糖尿病の発症リスクが半分以下になることが分かりました。一方、「伝統的な」日本型食事パターンには2型糖尿病の予防効果はありませんでした。

また、大腸がんの予防に関する研究でも、果物と乳製品を含むバランスの良い食事パターンの人は、リスクが下がることを明らかにしました。

さらに、厚生労働省がん研究チームによる調査でも、胃がんのリスクを下げるには、「伝統的な」日本型食生活より、果物と野菜を含むバランスの良い食事パターンがリスクを下げることを明らかにしました。そして、食生活に果物と野菜を豊富に取り入れることが大切であると提言しました。

こうした研究と、20世紀後半の生活習慣病予防のための研究から、栄養バランスの偏りに対する取り組みとして、厚生労働省や農林水産省は、2005年に、「食事バランスガイド」（図1）を作成し、私たちが2000年（平成12年）に提唱した科学的根拠に基づいた「毎日くだもの200グラム」（図2）をバランスガイドに組み込みました。このことは、わが国の栄養学史上初めて「果物は野菜と同様、毎日の食生活に欠かせない食品」と位置付け、摂取目標量が定められたのです。この食事バランスガイドは、「伝統的な」日本型食生活パターンに、果物と乳製品を加えた「新」日本型食事パターンと言えます。

30

　食事バランスガイドに従って食生活を改善すれば、生活習慣病を予防できることから、最も摂取量が不足している果物の摂取を増やすための政策が求められています。

　また、政府の食生活指針では、「果物、野菜、牛乳・乳製品、豆類、魚なども組み合わせて」、「たっぷりの野菜と毎日の果物でビタミン、ミネラル、食物繊維をとりましょう」、と掲げられたのです。

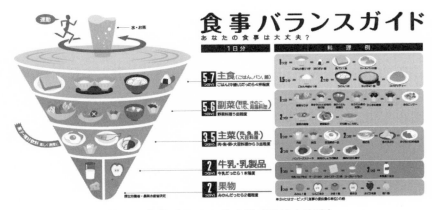

図1　食事バランスガイド（農林水産省）

図2　「毎日くだもの200グラム運動」のロゴマーク（中央果実協会）

ところが、県版の食生活指針には果物は記載されませんでした。例えば、ある県の「健康作り10か条」では、「おいしく、楽しく、きちんと食べよう。野菜、乳製品、豆類などが組み合わされた食事は生活習慣病予防に大切です」とされ、果物は記載されませんでした。

　こうした背景からか国民健康・栄養調査など多くの調査から、果物の摂取不足が深刻な状況にあることを示しています。各食材の摂取目標量に最も不足しているのは果物で、目標量の半分程度です。特に、若い世代の果物充足率は低く、果物離れが顕著です。食事バランスが崩れていると言わざるを得ません。

（7）世界保健機関（WHO）の糖類に対する勧告と誤報記事

　世界保健機関（WHO）は、「糖分についてのガイドライン」作成のために、ニュージーランドの研究チームに、砂糖（遊離糖を含む）の摂取とダイエットとの関係についての解析を依頼しました。研究の結果、食品に添加した砂糖の摂取量を減らせば減量効果があることが見出され、「イギリス医師会雑誌（BMJ）」に報告されました（2013年）。また、砂糖を別の炭水化物に置き換えても体重に変化はないことから、砂糖の摂取量が多いと体重が増えるのは、エネルギー摂取量の増加に起因するものと結論付けました。こうした研究結果を基に研究者らは、肥満の蔓延を食い止めるために、砂糖を添加した飲料など加工食品を制限したり、課税といった政策によって砂糖の摂取を減らすことが必要と述べています。

　この報告を受けてWHOは、砂糖（転化糖を含む）の摂取量を総カロリーの10％未満（5％未満が望ましい）、特に砂糖を添加した加工食品の摂取を控える、ただし、生鮮果物と野菜を含まないとのガイドライン案を提示しました（2014年）。

　このWHOの勧告案は、世界中に配信され、CNNニュースなどでは、はっきりと「生鮮果物と野菜は含まない」と記述されていました。ところが、日本のN新聞は、糖質制限に果物を含むとし、専門医の解説記事を掲載しました。

　そこで私たちはWHOに、「今回の勧告案に果物は含まれていない」ことを直接確認した上で、N新聞に記事の訂正をお願いしましたが、回答はありませんでした。

　付け加えると、WHOは各国の政府に対して果物と野菜の摂取量を一日当たり600gに増やすように勧告しています。WHOでは果物と野菜を一日当たり600g摂取すれば、心臓病を31％、脳卒中で19％減らせると述べています。

（8）超加工食品は生活習慣病の原因

　肥満や生活習慣病、メンタル疾患の予防には果物など加工度の低い植物性食品の摂取が有効なことが明らかとなっています。一方で近年、複数の報告から、飲料を含む加工食品が肥満や生活習慣病、メンタル疾患の原因であることが指摘されています。しかし、こうした報告で使用されている加工食品の定義は曖昧でした。

　そこで、国連食糧農業機関（FAO）は、加工食品の分類にNOVA食品分類を採用して健康との関係を調査しています。NOVA食品分類は、食品を次に4つのグループに分けています。

　グループ1. 未加工または最小限の加工食品：加工されていない（または天然の）食品で、果物や野菜などの植物または動物の可食部分で、菌類、藻類に水も含みます。
　グループ2. 加工食品原料：グループ1の食品または天然由来の物

質を圧搾、粉砕、製粉、乾燥などのプロセスが加わった食品です。

グループ3.加工食品：瓶詰め野菜、魚の缶詰、シロップ漬けの果物、チーズ、焼きたてのパンなどが含まれます。基本的にはグループ1の食品から作られます。

グループ4.超加工食品：ファーストフード、ソフトドリンク、甘いまたは風味豊かなパッケージスナック、インスタント食品、加工肉製品、調理済み冷凍食品などが含まれています。

　この分類を用いたフランスなどの国際研究チームの研究から、超加工食品の摂取割合が10%増加するごとに、がんの発症リスクが12%上昇することが分かり、「イギリス医師会雑誌（BMJ）」に報告しました。こうしたことからフランスでは、公衆衛生栄養政策の観点から、グループ4の超加工食品の消費を20%削減することを目標としています。また、アメリカ、フロリダ大西洋大学の研究から超加工食品を多く摂取していたグループは、軽度のうつ病、「精神的に不健康な日」と「不安を感じる日」が有意に多いことが分かりました。

　超加工食品が問題な理由は、塩分、砂糖、飽和脂肪が多く含まれる傾向があり、ビタミンやミネラル、食物繊維、植物化学物質、タンパク質が少ないなど栄養面に問題があり、かつカロリーが高いためと考えられました。

　さらに、果物など未加工食品を中心とした植物ベースの食事は、地球環境の維持・改善にも有効なことが報告されています。ブラジル・サンパウロ大学などの研究チームは、世界的な超加工食品の普及と地球環境との関係を調査したところ、人間が消費できる植物種の多様性に悪影響を及ぼしていると同時に、人間と地球の健康にも

悪影響を及ぼしていると、イギリス医学雑誌「グローバルヘルス」に報告しました。もう1つの懸念事項は、超加工食品の生産に大量の土地、水、エネルギー、除草剤、肥料が使用され、温室効果ガスの排出と包装廃棄物の蓄積による環境劣化を引き起こしていることです。そのため国連は、持続可能な開発目標（SDGs）の中で、環境に優しい植物ベースの食料生産システムの構築を推進しています。

（9）日米の果物栄養政策に違い：CDC の取り組み
——健康的な栄養を促進するために

日本とアメリカの果物に対する考え方や政策には大きな違いがあります。わが国はまだ「果物は贅沢品」、「食べても食べなくても良い」という考え方を引きずっています。一方、アメリカ疾病予防管理センター（CDC）は、果物と野菜の摂取量を増やすための施策を実施しています。

新型コロナウイルス感染症のニュースで良く聞くようになったCDC は、1946年に創設された政府機関で、国民の健康と安全を守ることを目的として、健康に関する信頼できる情報や資金を提供しています。

CDC は、子供たちが健康でたくましく成長するのを支援しています。例えば、学校スタッフに果物や野菜の購入、調理、提供方法を訓練したり、子供たちに果物や野菜の育て方や調理方法を教えるなどの技術支援をしています。また、学校におけるサラダバーの数を増やすために全国的な団体と協力しています。

職場で健康的な食事の選択肢を提供する仕事もしています。CDC が資金提供するプログラムでは、カフェテリア、軽食店、自

動販売機で、果物など健康的な食べ物を容易に入手できるようにする取り組みを行っています。

　さらに、肥満と2型糖尿病のリスクを軽減するためのライフスタイル変更プログラムをサポートする活動も行っています。CDC は、予防または発症を遅らせることが医学的に証明されているライフスタイル変更プログラムの全国的な実施システムの構築に取り組む官民組織のパートナーです。

　21世紀に入り、アメリカでは果物などが豊富な植物ベースの食事の普及に健康栄養政策の重点が置かれています。一方、日本では、果物などの消費拡大のための健康栄養キャンペーンを実施していますが、健康栄養政策はほとんど採用されていません。その根底にあるのは、科学的根拠に基づいた「食の哲学」が、日米で違いがあるためではないかと思われます。（食の哲学については第2章を参照）

2. 果物にまつわる誤解を解く！

　人類の食の歴史からも、ヒトを対象とした最新の研究からも健康の維持・増進には果物の摂取が大切なことを明らかにしてきました。しかし、いまだに、「果物は贅沢品、食べ過ぎると体に良くない」などと誤解されています。そこで本章では、そうした誤解を解きほぐしたいと思います。

1）果物のカロリーは高くない！

（1）果物と野菜のカロリー比較

　なぜ果物を敬遠してしまうのでしょうか。「甘くて美味しいけれど、カロリーが高い」と誤解されていることが原因の一つです。本当に果物はカロリーが高いのでしょうか。

　モモ、れんこん、黄ピーマン、油で炒めた黄ピーマンが同じ量、目の前にあったとして、カロリーの高い順に並べるとどうなるでしょうか。アンケートなどから、多くの人は、油で炒めた黄ピーマン、モモ、黄ピーマン、れんこんと思われているようです。実際に100g当たりのカロリーで並べると、れんこんは66kcal、油で炒めた黄ピーマンは61kcal、モモは38kcal、黄ピーマンは28kcalとなります。意外と思われた方も多いのではないでしょうか？　特に、モモのカロリーがれんこんや油で炒めた黄色ピーマンよりも少ないことに驚いたのではありませんか。

　果物と野菜のカロリーを比較したのが表1です。モモやリンゴ、温州ミカンなど食卓でおなじみの果物のカロリーは、おおむね30〜

表1 果物と野菜のカロリー比較（100g 当たり）

果物より低い野菜 30kcal 以下	kcal	果物と同等の野菜 30kcal 〜70kcal	kcal
だいずもやし	29	れんこん（根茎）	66
黄ピーマン	28	黄ピーマン（油いため）	61
オクラ	26	しょうが(根茎・皮なし・おろし)	58
アスパラガス（若茎）	21	めキャベツ（結球葉）	52
うど	19	シシトウガラシ（油いため）	51
なす	18	日本カボチャ（ゆで）	50
ダイコン（皮なし）	15	日本カボチャ（生）	41
はくさい	13	ブロッコリー	37
きゅうり	13	パセリ	34
セロリ	12	タマネギ	333

出典：日本食品標準成分表　2020年版（八訂）

70kcal の範囲に収まります。

　果物よりもカロリーの高い野菜に、わさびがあります。わさび100g のカロリーは89kcal です。ここで、果物との対比で、わさびを取り上げたのは、「甘い＝高カロリー」ではないことを伝えたかったからです。「甘い」は、舌で感じる味覚で、カロリーは腸管で吸収されるエネルギー量のことです。両者の基本概念は、まったく異なっているのです。果物より高カロリーの野菜には、らっかせい（未熟豆）やニンニク、エダマメなどがあります。

　もちろん、果物よりもカロリーの低い野菜もあります。しかし、カロリーの低い野菜は、そのままでは美味しくないため、調理したり、ドレッシングをかけたりして食べるのが普通です。油で炒めたり、ドレッシングを使うと、果物よりも高カロリーとなります。また、炒めたり茹でたりすると、ビタミンやミネラルが損なわれるこ

果物のカロリー	kcal	果物より高い野菜 70kcal 以上	kcal
カキ（甘ガキ）	63	らっかせい（未熟豆）	306
ブドウ（皮なし）	58	しろうり（奈良漬）	216
リンゴ（皮なし）	53	たまねぎ(油いため・あめ色)	208
キウイフルーツ（緑肉）	51	なす（天ぷら）	165
温州ミカン(普通・じょうのう)	49	ニンニク	129
バレンシアオレンジ(砂じょう)	42	エダマメ	125
日本ナシ	38	ブロッコリー（油いため）	109
モモ	38	ソラマメ（未熟果）	102
アンズ	37	スイートコーン(未熟種子・ゆで)	95
イチゴ	31	わさび	89

とも考慮する必要があります。一方、生で食べることが多い果物は、低カロリーでも美味しく、かつ食物繊維も豊富で、ビタミンやミネラルもそのまま摂取することができます。

「そうは言っても、わさびを100gも食べる人はいません。実際に食べるもので、果物と野菜のカロリーを考えないと意味がないのでは？」、その通りです。

日本人が一日に食べることが望ましい料理の組み合わせを示した、「食事バランスガイド」では、毎日の食事の理想的な比率を示しています。それによると、野菜を使ったおかずは副菜のカテゴリに入ります。副菜の1品は「1つ（SV＝サービング）70g」で、バランスガイドでは5つ（350g）摂ることが推奨されています。一方、果物の「1つ（SV）は100g」です。食事バランスガイドでは2つ（200g）を目標としています。

表2　食事バランスガイドに記載され
ている副菜と果物のカロリー

（副菜：1つ =70g　果物：1つ =100g）

【副菜】	kcal
ほうれん草のおひたし	20
きゅうりとワカメの酢の物	30
きゅうりのもろみ添え	30
野菜の煮しめ	75
春菊のごま和え	80
小松菜の炒め煮	100
きんぴらごぼう	100
切り干し大根の煮物	120
野菜の煮しめ（2つ）	130
野菜炒め（2つ）	210
【果物】	
リンゴ	53
温州ミカン	49

出典：フードガイド検討会報告書

　食事バランスガイドに示された副菜と果物のカロリーは、表2の通りです。副菜は70g当たり、果物は100g当たりのカロリーです。

　副菜と果物を比較すると、1つ（SV）当たりのカロリーが、果物より低いのは、ほうれん草のおひたしやきゅうりとワカメの酢の物などです。一方、切り干し大根の煮物は、リンゴや温州ミカンよりも重量が少ないにもかかわらず、倍以上のカロリーです。

　この比較を見るだけでも、「リンゴやミカンはカロリーの摂り過ぎになるからやめよう。それよりしっかりおかずを食べなくちゃ。日本料理はカロリーが低くてヘルシーだから大丈夫！」という発想

が誤りであることは、明らかです。このように、果物のカロリーは、野菜と同等か、場合によっては野菜より低カロリーなのです。

（2）果物の糖度と美味しさの関係

「今のリンゴは甘くて美味しいけれど、昔のリンゴは甘くなく、酸っぱかった」、という声を聞きます。昔の果物と比べて今の果物のカロリーは高いのでしょうか。

今の果物に限らず日本の農作物はどれもおいしく品種改良が進んでいます。昔の作物よりも糖度が高いものも多いでしょう。しかし、果物のおいしさを決めるのは糖度だけではありません。酸味や糖と酸の比率、歯ごたえや肉質、香りなどもおいしさを決める重要な要素です。長い努力によって、こうした要素が改良され美味しい果物が育成されたのです。

さらに注目すべきなのは、糖度とカロリーの関係です。八百屋の店先には「甘いです！」とか「高糖度！」などのポップが並んでいます。しかし、糖度が1度上昇しても、カロリーは4kcalしか増えません。果物の糖度が1度上がると、味覚の上ではかなり甘く感じられるものですが、カロリーは4kcalしか増えていないのです。このように、果物の味は、様々な要素が複合的に関係し合っています。今の果物は、甘い＝高カロリーは誤解なのです。

2) 果物では太らない！

（1）なぜあなたのダイエットは成功しないのか

現在、肥満を解消するための主流は、単純な低カロリーダイエットです。ただし、この方法は我慢を伴います。そのため、一時的に

は体重を減らせますが、同時にストレスがたまり、ほとんどの人が
リバウンドしてしまいます。例えば、アメリカの調査によれば、成
人の約47％が常に何らかのダイエットに挑戦していて、そのうちの
64％（半数以上）の人がリバウンドを経験していると言われていま
す。アメリカの女子大生を対象とした調査では、太っていない人も
含めて全体の83％もの人が何らかのダイエットを経験していました。

　なぜ、低カロリーダイエットは成功しないのでしょうか。アメリ
カ・カリフォルニア大学が調査をしました。実験では女性を対象に、
一日当たり1200kcalに制限してもらい、血液中のストレスホルモ
ンであるコルチゾールを測定しました。その結果、なんとカロリー
制限の間中、コルチゾールの値は増えることが分かったのです。さ
らに困ったことに、このコルチゾールは、腹部脂肪を増やすホルモ
ンなのです。しかもコルチゾールは、自己流ダイエットでも、雑誌
やマスメディアで推奨されているダイエットプログラムでも増える
ことが分かったのです。そのため、単純な低カロリーダイエットが
リバウンドを引き起こしやすいのは、ストレスホルモンであるコル
チゾールのためと考えられました。

　こうした結果から、カロリーを減らしながらもストレスを感じる
ことなく、十分な満足感を得ること。それがコルチゾールを増やさ
ずに摂取カロリーを減らし、理想の体形に近づくコツと言えそうで
す。そのためには、食事の満足感を損なうことなく、ゆっくりと継
続的に体重を落としていくことが大切です。調査の結果、食事の満
足度はカロリーの高い料理やお菓子を食べることではなく、食後に
満腹感が得られたかどうかにあることが分かってきました。

（2）食事をいつ止めるのか

　私たちが食事を終えるのはいつでしょうか。我慢を強いる「腹八分目」と言うけれど、具体的にはどのくらいの量を指すのでしょうか。精神論に終わらせず、具体的な研究が行われました。その結果、私たちは、満腹感や満足感が得られたときに食事を終えることが分かったのです。

①食事のカロリーと満腹感・満足感とは無関係

　肥満の人とそうでない人を対象に、低カロリー食と高カロリー食を交互に、満足するまで食べてもらいました。高カロリー食は１食当たり3000キロカロリー、低カロリー食は1570キロカロリーです。食後、満腹感・満足度を調べた結果、低カロリー食でも食事のボリューム（体積）があれば、十分に満足感が得られることが分かりました。

②かさ（体積）が大きいと満腹感も高い

　男性を対象とした臨床研究で、昼食の30分前にヨーグルトベースのミルクシェークを飲んでもらいました。飲んでもらったのは、300ml、450ml、600ml で、カロリーも含有成分も同じで、体積だけが異なっています。つまり、どれだけシェイクして空気を含ませたかで体積だけが違うのです。内容的には同じものを飲んでもらいました。その上で、お昼ご飯は好きなだけ食べてもらいました。その結果、摂取した食品の量とカロリーを調べると、600ml 飲んだ時と300ml 飲んだ時とで、前者の昼食の総カロリーは12％も少なかったのです。カロリーは12％も少なかったのに、300ml の時よりも満腹感が高かったことも分かりました。

③低カロリーでも十分に満足感が得られる

女性を対象とした臨床研究では、女性たちを３グループに分け、高カロリー食、中程度のカロリー食、低カロリー食を、それぞれ好きなだけ食べてもらいました（内容はどれも同じですが、野菜の量でカロリーを調整した食事）。それぞれの食後の満腹度を調べると、高カロリー食だからといって満腹度が高いわけではありませんでした。カロリーの高い・低いにかかわらず、ボリューム（かさ）の多い食事をとれば、満腹になり満足感を得られるということが分かったのです。

以上の結果から、ボリュームがあって食物繊維や水分が豊富な食品が、ダイエットに最適との結論が導き出されました。生で食べられる果物は、こうした条件を満たしています。その上、ビタミンやミネラルも豊富です。

④果物の摂取量が多いほど体重が減る

ヒト介入試験などから、体重のコントロールには、かさが大きくて食物繊維と水分を豊富に含む食品、果物の摂取が重要であることが分かってきました。

アメリカ・農務省（USDA）の調査ではからずも果物の摂取がダイエットに有効であることが明らかとなっています。児童、成人男性、成人女性を調査した結果、果物の摂取では、男性、女性、児童、成人の区別なく、摂取量が多いほど肥満の人の割合が少ないことが分かりました。一方、肥満の人は果物の摂取量が少なく、肉の消費量が多いことが分かりました。また、野菜の摂取と肥満との間にははっきりとした傾向は認められませんでした。

また、アメリカ・南カリフォルニア大学などの研究グループが行

った研究では、標準体重の人は太った人より、果物の摂取量が多い
ことが分かりました。果物の摂取量が多いと男女ともに統計的に有
意に体脂肪が少ないことが明らかになりました。太り過ぎまたは肥
満の人の果物の摂取量は１日当たり0.9サービングであったのに対
し、標準体重の人の果物の摂取量は1.6サービングと２倍近い差が
ありました。一方、パン、乳製品、野菜などでは、太り過ぎまたは
肥満のグループと標準体重のグループに摂取量の違いはありません
でした。

　肥満予防には果物の摂取が重要な役割を果たしていると、調査を
担当した研究者らは述べています。野菜では太り過ぎまたは肥満の
人と標準体重の人の間に有意差が認められなかったのは、野菜は調
理されるためではないかと考えられています。生で食べる果物は水
分や食物繊維の３次元構造が維持されているのでボリュームが大き
いまま食べられるのに対して、野菜は調理されるため食物繊維の３
次元構造が崩れ、水分も外部に出てしまいボリュームが小さくなる
ためと考えられています。

3）果物と糖尿病予防にまつわる誤解を解く！

（1）果物に含まれる糖類と血糖値──果物は血糖値を上げない
　　食品の代表

　２型糖尿病は、食生活など生活習慣によってインスリンが出にく
くなったり、インスリンを受け取る細胞の感受性が鈍くなったりし
て、高血糖の状態が慢性化した疾病です。食事をすると血糖値が上
昇するので血糖値を下げるためにインスリンが働きます。体内のイ
ンスリンが正常に作用するように血糖値の上昇をゆっくりにする食

生活が重要です。

　血糖値の上昇をゆっくりにするために、過去にはブドウ糖や果糖など糖分の摂取を控え、分解（消化）に時間がかかると考えられたデンプン食品の摂取が推奨されてきました。そのため、ブドウ糖や果糖を含む果物は血糖値を上げやすい食品として「果物の食べ過ぎに注意」との栄養指導が行われてきました。しかし、最近の研究からデンプン食品よりも果物の方が血糖値の上昇速度がゆっくりであることが分かりました。

　オーストラリア研究チームなどによって、体内に摂取した炭水化物（ブドウ糖やデンプンなど）を含む食品の血糖値の上昇作用を数値化し、食品を比較できる指標であるグリセミック・インデックス（GI）が開発されました。グリセミック・インデックスは、2型糖尿病予防に効果的な指標として使われています。ブドウ糖を基準とした場合、GIが70以上の食品を高GI食品、56〜69の間の食品を中GI食品、55以下の食品を低GI食品と定義しています。

　世界中で行われた食品の測定データをまとめた結果、フランスパンや精白パンなどのデンプンを主体とした食品のグリセミック・インデックス値はそれぞれ95、70でした。一方、果物は低く、リンゴ38、ナシ38、モモ42、オレンジ42、サクランボ22でした。ちなみに、ニンジンのGIは47です。これらの果物はニンジンよりも低いのです。果物のグリセミック・インデックス値が低い理由は、良質な食物繊維などを多く含むためです。

　血糖値上昇の指標であるグリセミック・インデックスが開発されたことにより従来信じられていたことと異なり、果物はデンプン食品より血糖値上昇作用が低いことが分かり、両者の関係が逆転しま

した。デンプン食品は口腔内で α - アミラーゼの作用を受け分解（消化）が始まり、胃の中の酸や、すい液中のアミラーゼなどの酵素によりブドウ糖にまで分解（消化）され体内に吸収されます。このように人はデンプンをすばやく利用するシステムを体内に備えています。「果物は血糖値を上げる」は、誤解であることが分かりました。

（2）「イギリス医師会雑誌」に掲載された果物の糖尿病予防効果の意味――医師も納得する果物の2型糖尿病予防効果

　各国の食事ガイドラインでは、健康的な食事の重要な要素として、果物と野菜の摂取量を増やすことを推奨しています。一方で、低炭水化物ダイエットを支持する人たちからは、果物や野菜の利点に疑問が示されていました。

　イギリス・ケンブリッジ大学臨床医学部などの国際研究チームは、果物と野菜の摂取量を示す血液中のバイオマーカー（ビタミンCとカロテノイド）と、2型糖尿病のリスクとの関連性を調査したところ、果物と野菜の摂取量を増やすと2型糖尿病のリスクを減らせることが明らかになったと、医師も納得する信頼性の高い四大医学雑誌の一つである「イギリス医師会雑誌（BMJ）」に発表しました。

　研究は、ヨーロッパ8か国で行われている前向きコホート研究に参加している約35万人を対象に2型糖尿病の発症と血液中のバイオマーカー（カロテノイド、ビタミンC）との関係を調査しました。

　その結果、血液中のビタミンC濃度が高いほど、2型糖尿病を発症するリスクが低くなることが分かりました。総カロテノイドについても同様の逆相関が認められました。

　ビタミンCとカロテノイドで構成する複合バイオマーカースコ

アに基づいて5つのグループに分割し、最もスコアが低いグループ1と比較して、2型糖尿病のリスク低減効果は、グループ2が23%、グループ3が34%、グループ4が41%、グループ5が50%でした。

　果物と野菜の摂取量は複合バイオマーカースコアのグループ1は274g/日、グループ3は396g/日、グループ5は508g/日でした。

　以上の結果は、血液中のビタミンC、カロテノイドで構成された複合バイオマーカースコアと、ヨーロッパの様々な国における2型糖尿病の発生との間に逆相関があることを示しています。これらのバイオマーカーは、果物と野菜の消費量の客観的な指標であり、果物と野菜の消費量を少し増やすだけで2型糖尿病の発症を防ぐのに役立つことを示しています。

　今回の結果は、単一の栄養素ではなく、果物と野菜に含まれる様々な栄養素の組み合わせによって2型糖尿病が予防できたと考えられました。また、単一のビタミンサプリメントの無作為化試験では、β-カロテン、ビタミンE、ビタミンCが2型糖尿病の発症リスクに有意な影響を与えなかったのは、投与したのが単一成分であり、果物や野菜に含まれる様々な成分の複合効果を無視したためと考えられました。

　果物と野菜の摂取が有効な理由は、肥満の抑制、ブドウ糖-インスリンの恒常性維持、炎症反応抑制などの複合的な効果で2型糖尿病のリスクが低下したためと考えられました。さらに、果物や野菜の摂取で腸内微生物叢が改善することも関係していると示唆されています。

　2型糖尿病予防に対する以上の結果から、果物と野菜を毎日500g以上摂取することが大切なことが分かりました。つまり、「くだもの毎日200グラム」の強力な証拠です。

（3）果物の糖尿病予防のメカニズム──果物が糖尿病予防に効果的なわけ

　2型糖尿病予防のための食事ガイドラインで指摘する体重減少とインスリン抵抗性の改善のために、果物と野菜の摂取が推奨されています。ガイドラインで果物を推奨する理由の第一は、果物には微量栄養素、植物化学物質、食物繊維の含有量が豊富なためです。第二は、果物に含まれている果糖は、砂糖やデンプンを摂取するより、より好ましいということです。第三に果物は、食後血糖値の上昇を表すグリセミック指数が低いことです。グリセミック指数が高い食品は、2型糖尿病のリスクを高めます。また、グリセミック指数の高い食品を果物などのグリセミック指数の低い食品に置き換えると糖尿病予防に効果があります。

　しかし、果物の摂取量とインスリン抵抗性やβ細胞機能障害との関係は、あまり知られていませんでした。オーストラリアのパース医療保健大学の研究者らは、数年間の追跡調査を行い、様々な果物の摂取量と耐糖能（ブドウ糖を摂取した時に血糖値を一定に保つ調節能力）、インスリン感受性及び糖尿病の発生率との関係を調べました。

　平均年齢54歳の男女を対象に調査が行われました。果物の摂取量の中央値は162g/日でした。最も摂取が多い品目はリンゴ（全体の23％）、バナナ（20％）、オレンジなどの柑橘類（18％）でした。

　5年後、生果実の摂取量が最も多いグループを最も少ないグループと比較し、人口統計学的要素を調整したところ、糖尿病発症率が36％も低いことが分かりました。

　果物を多く消費することの利点には、腸内微生物叢によって代謝される可溶性繊維の存在と、血中ブドウ糖の代謝を調節することが

知られている短鎖脂肪酸の放出とも関連すると考えられています。また、リスクの減少は、抗糖尿病効果を有する果実中のフラボノイドの存在による可能性も示唆されました。

　以上の結果から、生果実を食べることは、インスリン感受性を維持し、２型糖尿病を軽減すると結論付けました。現在、２型糖尿病予防のための食事療法のアドバイスの焦点は、特定の成分や栄養素ではなく、健康的な食事パターンにあるべきであるという認識が支配的になっています。そのため、２型糖尿病の予防と管理のために、果物が豊富な地中海式ダイエットが推奨されています。

4) 果物と心臓病の誤解を解く！
──果物は高脂血症（脂質異常）の原因ではない

　欧米では果物に対する栄養学の考え方が見直され、果物は野菜と共に、積極的に取り入れるべきものであることが推奨されています。しかし、わが国では、「欧米人と日本人は人種が違う」とか、「（果物は）日本人の体には合わない」とか、「伝統的な日本の食生活は違う」と主張する専門家がいます。

　私たちはミトコンドリア・イブの子孫です。民族などによる食文化の違いはありますが、基本的に遺伝的背景や代謝生理など生命原理は同じです。従って、欧米人にとってよい果物は日本人にとってもよいはずです。にもかかわらず果物を敬遠する風潮があります。果物は果糖を含むため、血液中の中性脂肪が増えるため高脂血症（脂質異常症）の原因になるという古い常識がいまだに流布しています。中性脂肪を減らすには、「糖質（果糖など）を摂り過ぎない」、「果物を食べ過ぎない」などとされています。

　そこで、果物有害説の科学的裏付けを調査したところ、証拠とさ

れているのは、動物実験などの結果で、中性脂肪が増えるのは、食餌全体に占める果糖など糖分の割合が極端に多いケースでした。

そのため、農林水産省果樹研究所、微生物工学研究所、佐藤医院で構成する私たち研究チームは、比較的果糖を多く含むリンゴと中性脂肪に関するヒト介入臨床試験を行いました。

生活習慣病予防の研究には、様々な種類があります。機能性・薬効成分研究、動物実験、ヒトを対象とした疫学調査、ヒト介入臨床試験などです。

今回のヒト介入臨床試験は、ヒトの背景因子の差異（年齢や生活習慣の違いなど）に左右されず、正確な因果関係が得られる、最も信頼性が高い研究方法とされています。一方で、研究費が高額になることや、研究者の恣意的な観察によって結果がゆがめられる例もある、との指摘もあります。そこで、恣意的な観察が入らないように、数値として表れる血液検査などでリンゴの健康効果を評価することにしました。

さらに、こうしたヒト介入試験ではボランティアの人権と健康を守るために、高い倫理性と安全性が求められます。私たちは、倫理委員会の許可を得て、ボランティアと対面で臨床介入試験について文書で明示し、特に試験期間中に起こるすべての体調変化に対しても医師が対応することなどを説明して試験に臨みました。

①試験開始時点での調査測定

最初にボランティアの日常を知るために、試験開始時点の血液検査などの調査を行いました。

検査項目は血液中の中性脂肪だけでなく、コレステロールや血糖、尿酸、ビタミンCなど血液成分21項目を分析。副作用など

がないかなど、安全性に関わる成分も解析しました。同時に医師による健康診断も実施しました。

②リンゴを食べない2週間

　試験開始から最初の2週間は、リンゴなど果物を食べるのを控えてもらいました。

　この2週間が終わった時点で、ふたたび血液検査と医師の健康診断などを実施しました。

③リンゴを毎日食べる3週間

　次の3週間は、リンゴ摂取期間です。長野県産の"ふじ"を1日1個半から2個（360〜480g）食べてもらう一方、リンゴ以外の果物は食べないようにしてもらいました。

　ちなみに食べてもらったリンゴの成分は分析の結果、100g中に果糖が7.6g、ブドウ糖が2.6g、ショ糖が4.5g含まれていました。3週間後、再び血液検査と医師による健康診断などを実施しました。

④果物を食べない2週間

　最後の2週間は、リンゴを含む果実の非摂取期間としました。

　すべての期間の終了時に、血液検査や医師による健康診断などを実施しました。

こうして7週間の試験が終了しました。その結果、リンゴを摂取すると、血液中の中性脂肪が、リンゴ摂取前と比較して21％も（統計的に有意に）減少することが分かったのです。さらに、リンゴの摂取を止めると、中性脂肪が再び上昇しました。ヒトを対象とした研究の結果は、リンゴの摂取で中性脂肪が減少することを明確に示しています。つまり、"リンゴなど果物には果糖が含まれているの

で血液中の中性脂肪が増える"は誤りであることがはっきりと示されました。果物は中性脂肪を増やすどころか、減らすのに効果的であることが明らかとなりました。

　また、リンゴを食べると血液中のビタミンCが34％も増加することが分かりました。この増加量はビタミンCサプリメントを500mg摂取したケースに匹敵します。つまり、リンゴは、抗酸化力の強いビタミンCを介して心臓病などの生活習慣病の予防にも有益なことが分かりました。

　さらに、カナダ、マッギール大学などの国際共同研究チームは、心臓疾患のリスクを増大させる遺伝的変異がある場合でも、果物など青果物の摂取量が多いと、遺伝的変異を持たない人のリスクと同じか、さらにリスクを減らせることが分かりました。こうした研究から、心臓病の予防には果物の摂取が必須であることが明らかとなりました。

5) 果物と腎臓病、腎臓・尿道結石の誤解を解く！

　「果物には糖分が含まれているので腎臓結石（尿道結石）の原因となる」と誤解されることがあります。しかし実際は、この説とは逆で、果物は腎臓結石予防に有効なことが実証されています。

　腎臓・尿道結石の歴史は古く、約7000年前の古代エジプトのミイラの中からも結石が見つかっています。腎臓・尿道結石は、食生活の欧米化に伴い増加しており、100人に4人は生涯のうちに一度は経験することが知られています。動物性タンパク質を取りすぎると、尿中のカルシウム排泄量を増加するために結石が形成されます。

　腎臓・尿道結石の予防には、栄養バランスの良い食事が大切です。

アメリカ・ハーバード大学などの研究チームは、食塩、赤肉や加工肉を制限し、果物と野菜が豊富なダッシュ（DASH）ダイエットを遵守していれば、腎臓・尿道結石を予防できると報告しました。ダッシュ・ダイエットの遵守度が高い人は、低い人と比べて、腎臓・尿道結石のリスクが男性で45％、女性で40〜42％低いことが分かりました。

　一方、世界的に慢性腎疾患の罹患率が増加しており、公衆衛生上の問題となっています。そこで、オーストラリア・ボンド大学の研究チームは、慢性腎疾患と食生活との関係について解析した結果、果物などが豊富な健康的な食事パターンは、慢性腎疾患の罹患リスクを30％減らせると、「アメリカ腎臓学会臨床雑誌」に報告しました。健康的な食事パターンとは、果物、野菜、豆、ナッツ、全粒穀物、魚介類、低脂肪乳製品が多く、赤肉、加工肉、ナトリウム、加糖飲料の摂取が少ない食事で、食物繊維、ビタミンC、ビタミンEを豊富に摂取している食事のことです。研究の結果、健康的な食事パターンでは、慢性腎臓病の罹患リスクが30％減少しました。また、タンパク尿（アルブミン尿）の罹患リスクは27％減少しました。

　今回の結果は、地中海式ダイエット、ダッシュ・ダイエット、アメリカ食事ガイドラインなど、果物などが豊富な健康的な食事パターンの遵守に健康上の利益があることを支持しています。

　他方、腎不全になると、高カリウム血症を併発します。この場合は、医師の指導に従って、カリウム含量が多い果物や野菜、海草類の摂取を控える必要があります。「果物有害説」論者の中には、果物のデメリットとして高カリウム血症では、「果物の摂取を控える」を強調する向きがありますが、医師の指導に従った冷静な対応が必要です。

3. 健康の維持・増進のための食事

　健康を考える上で、忘れてはならないのが予防と治療の違いです。

　健康の維持・増進や生活習慣病の予防のためには、毎日の食事が大切です。食事とは、人が日常的に食物として摂取するものの総称で、そのまま手を加えず、または調理をした後に食べるもののことです。食事の特長は、1）経口的にのみ摂取されること、2）長期間、継続的に摂取されること、3）不特定多数の人が摂取すること、4）摂取量が規定できないこと、5）複数の物質を同時に摂取すること、6）摂取前に料理などに伴う物理的・化学的変化を受けることです。また、食事で健康を害する作用（副作用）がないことを前提として、健康の維持・増進に効果があり、生活習慣病を予防できることです。

　一方、治療に用いられる薬の特長も知っておくことも必要です。薬は、病気の治療などの目的で使用する化学物質で、用法や用量が定められており、特定の症状に対して有効であることです。副作用があっても、それを上回る利益がある場合は、医師の判断で使用されます。

　従って、健康の増進や生活習慣病予防のための食事と治療のための薬は、似て非なるものなのです。ここでは、健康の維持・増進、生活習慣病予防の観点から食事を考えています。

1）果物が豊富な植物ベースの食事と健康

　健康の維持・増進のためには、バランスの良い食事と言われていますが、どのような食事をすればバランスの取れた食事になるのかは意外と知られていません。20世紀後半から行われた健康を維持・増進して、生活習慣病を予防するには植物ベースの食事が最も優れていることが分かりました。近年、分子遺伝学などの進歩もそのことを裏づけています。ここでは、果物が豊富な地中海式食事とダッシュ・ダイエットを紹介します。

（1）果物が豊富な地中海式ダイエットで生活習慣病予防

　ユネスコ（国際連合教育科学文化機関）は、2010年、果物の生産と消費の多いスペイン、ギリシャ、イタリアなどの地中海に接する地域の伝統的な食事（地中海式ダイエット）を人類の無形文化遺産に登録しました。また、地中海式ダイエットは、健康との関連で注目を集めています。ギリシャやイタリアなどの地中海諸国は、アメリカや北ヨーロッパよりも冠状動脈性心臓病による死亡が少ないという観察から始まりました。

　ギリシャ、クレタ島の研究や世界各地の研究から、地中海式ダイエットは、心血管疾患のリスクを減らすだけでなく、がん、2型糖尿病、アルツハイマー病など生活習慣病の予防や肥満における体重減少に効果的な優れた食事であることが分かりました。こうした研究をもとに、WHO（世界保健機関）などは、地中海式ダイエットは健康を促進し、生活習慣病を予防するとして推奨しています。

　地中海式ダイエットの基本は、果物、野菜、ハーブ、ナッツ、豆、全粒穀物、オリーブオイルなど植物性食品が中心です。適度な量の

乳製品、鶏肉、卵も、シーフードも地中海式ダイエットに欠かせません。対照的に、赤身の肉は控えられています。つまり、肉ベースではなく植物ベースのダイエットです。

　最近では、地中海式ダイエットは健康上の利点とともに、環境負荷の低減、持続する地球のためにも有効であることが明らかとなってきました。具体的には、農業の生物多様性、回復力のある生態系、美しさの景観の維持にも優れていることが分かりました。例えば、地中海に面した斜面にあるブドウやカンキツ、オリーブの畑などが上げられます。これらの優れた景観は、農業生物多様性、回復力のある生態系、貴重な文化遺産を兼ね備えています。

　地中海式ダイエットは、あらゆる形態の栄養失調や、糖尿病、心臓病、脳卒中、がんなどの生活習慣病から保護するのに役立ちます。現代人は現在、エネルギー、脂肪、遊離糖、塩（ナトリウム）を多く含む食品を過剰に消費しており、逆に、果物、野菜、全粒穀物などの食物繊維が不足しています。

　地中海式ダイエットにおける果物と野菜の摂取量の定義は１つではありませんが、アメリカの代表的な総合病院で、常に、「全米の優れた病院」にランク付けされているメイヨクリニックでは、「もっと果物や野菜を食べましょう」として、果物と野菜の１日７〜10サービング（560g位〜800g位）を推奨しています。

　持続可能で健康的な地中海式ダイエットは、人々が生産的で健康的な、そして幸せな生活を送るための基盤です。また、果物が豊富な地中海式ダイエットは美味しいので、この食事スタイルに切り替えた多くの人々は、その後、他の食事スタイルに戻ることはないと言われています。さらに、地中海式ダイエットは、地元の食料生産と消費を促進することが分かっています。地中海式ダイエットと、

わが国の現状とを比較すると、果物の摂取量が最も不足しています。

（2）ダッシュ（DASH）・ダイエットで生活習慣病予防
——果物と野菜は同等・同量

　健康のために果物を毎日、握り拳5個の摂取を勧めるダッシュ（DASH）ダイエットが世界で注目されています。ダッシュ・ダイエットは、アメリカ保健福祉省、アメリカ国立衛生研究所、アメリカ国立心肺血液研究所が高血圧予防のために開発した食事法です。ダッシュ・ダイエットの最初の論文は、1997年に「ニューイングランドジャーナル」に掲載されました。この雑誌は、医学の世界で最も長い歴史をもつ、世界で最も広く読まれ、最もよく引用され、最も影響が大きい雑誌です。このダイエット法は、それまでの栄養学をリードしてきた「単一（あるいは複数）の栄養素欠乏」理論の否定から始まりました。

　トクホや機能性成分に代表される「単一（あるいは複数）の栄養素欠乏」理論とは、特定の成分に薬効があり、その成分の量が不足すると生活習慣病になるとするものです。この理論に従えば、究極的には、サプリメントで生活習慣病が防げることになります。

　しかし、1990年代に高所得国を中心に急増していたがん、冠動脈疾患、肥満、2型糖尿病など生活習慣病の予防に対しては、「単一（あるいは複数）の栄養素欠乏」理論では説明できないことが明らかとなりました。こうした背景の中で、食生活全体を重視した総合的な食事パターンに基づく「遺伝子-栄養素-食品間の相互作用」理論に基づくダッシュ・ダイエットが開発されました。

　このダイエットに対する様々な研究において矛盾のない一貫した有益な証拠が蓄積していることから、健康効果に対して医科学的に

信頼されています。そのため、ダッシュ・ダイエットは、アメリカ農務省（USDA）が、全てのアメリカ人にとって理想的な食生活プランとして推奨しており、日本も含む世界中の食生活改善のための指針にも影響を与えています。

　さらに、アメリカのUSニュースは、糖尿病、心臓病などの専門医や栄養士からなる委員会を組織して人々の間で人気のある38種類のダイエット法について健康の観点から評価し、ランキングを発表しました。その中で、ダッシュ・ダイエットは最高のダイエットに選ばれました。また、ダッシュ・ダイエットは、「心臓病予防」や「糖尿病予防」、「健康的な食事」などの部門でも第1位でした。

　ダッシュ・ダイエットの特徴は、栄養素や成分を表示するのではなく、食事全体の食事パターンが示されていることです。また、果物と野菜の摂取量を同等としている点も重要です。具体的には、果物や野菜、低脂肪乳製品、ナッツ、豆をたくさん摂取する一方で、砂糖で甘くされた食べ物や飲み物、赤身の肉、脂肪の摂取が制限されています。

　2000kcalを摂取する食生活の場合、果物と野菜は、毎日それぞれ4〜5サービング（SV）、穀類＆穀類製品は毎日6〜8SV、低脂肪／無脂肪の乳製品は毎日2〜3SV、脂肪、オイルは毎日2〜3SV、赤肉、鶏肉、魚は毎日6SV以下、種実、種子、豆類は週に4〜5SV、菓子は週に5SVです。1サービング（SV）とは1回に食べる量のことで、果物なら握り拳1個分です。

　ダッシュ・ダイエットは、投薬なしで血圧を下げるために開発されましたが、がん、脳卒中、心臓病、心不全、腎臓結石、糖尿病、肥満などのリスクを下げることが数多くの研究から明らかとなりました。最近の研究では、認知症予防にも有益であることが分かりま

した。ダッシュ・ダイエットが、全身に張り巡らされている毛細血管など血管を丈夫にし、血管を通じてバランスの良い栄養素を全身に届けることができるためと考えられています。

2) 果物が豊富な植物ベースの食事で骨粗しょう症予防 ──意外にも果物の摂取が必要

　骨粗しょう症とは、骨の強度が低下して、骨折しやすくなる骨の病気です。年を重ねるにつれて骨粗しょう症性骨折が増加します。骨折そのものは致命的な疾病ではありませんが、骨折するとその後の死亡率が高まることが明らかとなりました。従って、骨粗しょう症予防は高齢者の死亡率の低下を抑制するのに有効です。

　イギリス・イーストアングリア大学などの研究チームは、地中海式ダイエットの遵守で骨粗しょう症の骨量減少を軽減できると、「アメリカ臨床栄養学雑誌」に報告しました。

　研究では、65歳から79歳の人を対象に、無作為に地中海式ダイエット群と、対照群に分けました。長期間にわたる研究の結果、地中海式ダイエットの１年間の介入は、骨粗しょう症の人の大腿骨頸部の骨の損出率を有意に低下させることができました。さらに、果物、野菜、ナッツ、オリーブオイルなどの摂取は、12月以内に股関節の骨量の減少を軽減できることが分かりました。

　また、月経閉止前の45歳から49歳のイギリス人女性を調査した研究でも果物の摂取が少ない女性では、摂取量の多い人に比べ、骨密度が低いことが分かりました。さらに、腰椎と大腿骨頸部および周辺部の骨密度と食生活を調査した結果、果物と野菜の摂取量が多い人ほど骨が丈夫で、栄養成分ではマグネシウムやカリウムの摂取量が多いと骨密度が高いことが分かりました。

こうした研究から、意外にも、骨密度を高め、骨粗しょう症を予防するには果物の摂取が必須であることが分かりました。その理由は、腎臓におけるカルシウム代謝に果物に多く含まれているカリウムが重要な働きをしているためと考えられています。

オーストラリアの女性（70〜80歳）を対象とした研究から、果物や野菜などカリウムの多い食品を摂取している人は尿中へのカリウム排泄量が多く、少ない人に比べて骨密度が高いことが分かりました。また、ダッシュ（DASH）ダイエットを遵守している人は、肉などの摂取量の多い食事の人と比べて骨からのカルシウムの損失が少ないことが分かりました。

こうした研究から、果物などからのカリウムの摂取量が増加すると尿中へのカルシウムの排泄が抑制され、カルシウムの蓄積量が増加すると考えられています。

一方、ナトリウムの摂取量が多くなると尿へのカルシウムの排泄を促進します。従って、骨密度を高めるにはナトリウムの摂取量を減らし、カリウムの摂取量を増やす必要があります。

果物を多く摂取すると骨粗しょう症の予防に効果がありますが、その理由は、カルシウムの排泄を促進するナトリウムをほとんど含まず、カルシウムの排泄を抑制するカリウムを多く含むためです。そのため、骨粗しょう症予防には果物が豊富な植物ベースの食事の摂取が大切です。

3) 果物が豊富な植物ベースの食事で免疫力向上

新型コロナウイルス（COVID-19）感染症の世界的な流行から、感染症と免疫との関係に注目が集まっています。免疫とは、体内に

ウイルスなどの異物が侵入しても、それに抵抗して打ちかつ能力の
ことです。

　近年、免疫と食事との関連性についての研究が進展し、適切な食
事の摂取で免疫力が高まることが明らかとなりました。そのため、
新型コロナ感染症に対抗できると期待が生まれています。しかし、
この関心はまた、多くの紛らわしい、誤解を招く、あるいは虚偽の
情報拡散への扉を開きました。

　新型コロナ感染症などの呼吸器疾患にかかるリスクが最も高いの
は、免疫反応が低下または弱まっている人たちです。イギリスの研
究チームが行ったランダム化比較臨床試験では、果物と野菜の摂取
を増やすと高齢者の免疫力を高められることが分かりました。研究
では、呼吸器感染症を発症するリスクが最も高い高齢患者を、①果
物と野菜の消費量を１日５サービングに増やすグループと、②通常
の食事を続けるグループ（１日２サービング程度摂取）のどちらか
にランダムに割り当てました。

　その結果、果物や野菜を多く食べたグループの人は、ビタミンＣ、
リコピン、ゼアキサンチンなどの免疫力を高める重要な栄養素が大
幅に増加しました。さらに、肺炎球菌に対するワクチン接種後の抗
体反応性も大幅に向上したことが分かりました。この研究から、果
物と野菜の摂取量を少し増やすだけでも免疫力を大幅に高められる
ことが明らかになりました。

　また、アメリカで行われた脂肪と免疫力との研究から、低脂肪に
すると免疫力が高まることが分かりました。研究では、摂取カロリ
ーの35％の脂肪食、26％脂肪食、15％脂肪食と免疫力との関係を調
査したところ、低脂肪食は細胞性免疫力向上に有益な効果をもたら

すことが分かりました。また、この効果は、カロリー制限（減量）とは無関係でした。

　さらに、アメリカ・マサチューセッツ大学医学部の研究も低脂肪食が免疫力を高めることを裏付けました。研究チームは、低脂肪食にするとがんの免疫反応に関与するナチュラルキラー細胞の活性の増加を見出しました。

　こうした介入研究に加えて、疫学研究も多数報告されています。私たちが食べる植物性食品、特に果物や野菜は多ければ多いほど免疫力が向上します。また、消費する脂肪が少ないほど良い結果が期待できます。

　まだ新型コロナウイルスなど感染症に関する研究や免疫力向上のための決定的な証拠は不足していますが、低脂肪で果物が豊富な植物ベースの食事は新型コロナ感染症などの対策として最も有益です。同時に、睡眠、運動、良好な衛生管理などのライフスタイルの改善も大切です。

　免疫力を強化する低脂肪で果物が豊富な植物ベースの食事の力は、これらの個々の食品の特性だけでなく、それらに含まれるすべての成分間の相乗的関係に起因します。従って、単一あるいは複数の食品やサプリメントだけで免疫力が高まることはありません。ましてや、新型コロナウイルスなどを攻撃・破壊するフリーラジカルを除去するサプリメントや食品は免疫システムを壊してしまうので、期待とは逆の結果をもたらします。こうした研究から、新型コロナ感染症などに負けないための一歩は、果物の摂取を増やすことです。

4）果物が豊富な健康的な生活は長命で
アルツハイマー型認知症の予防に効果的
──果物摂取で死ぬまで元気

　「死ぬまで元気でいたい」「認知症にはなりたくない」と、多くの人が思っています。また、「寿命が長くなるのはよいけれど、アルツハイマー型認知症に長く罹患したくない」と思っています。アルツハイマー型認知症とは、記憶、思考、行動などに問題が起きる脳の病気で、日本をはじめ世界的に患者数が増加しています。

　認知症についての研究も、各国で進められています。果物など植物ベースの食生活が良い、という研究結果もいくつも出ています。

　オランダでの疫学調査では、ビタミンCやビタミンEを多く含む食事を摂取した人の方が、アルツハイマー型認知症の発症が少ないことが分かりました。アメリカ・マサチューセッツ大学の研究チームによる動物を用いた実験では、脳の中にある神経伝達物質で、減少するとアルツハイマー型認知症の原因になりうるアセチルコリンという物質は、リンゴを食べることで増やせることをつきとめました。

　また、アメリカ・ワシントン州シアトルに住む65歳以上の日系人、1836人を7〜9年間にわたって疫学調査した結果では、コップ一杯（約240ml）の果物・野菜ジュースを週3回程度飲む人は、週1回の人に比べて、アルツハイマー型認知症の発症リスクが73％も低いことが分かりました（週1〜2回の人では32％低い）。

　認知症は加齢とともに増加する酸化ストレスや炎症反応が関係していると考えられていますが、果物にはビタミンCやE、ポリフェノールなどの抗酸化ストレス成分や抗炎症成分が豊富です。

　こうした背景のもとに、アメリカとスイスの国際協同研究チーム

は、平均余命の長短と晩年のアルツハイマー型認知病との関係について調査したところ、果物が豊富な食事など健康的なライフスタイルは、平均余命が長くなり、かつ晩年にアルツハイマー型認知症に罹患しにくいと、四大医学雑誌の一つである「イギリス医師会雑誌（BMJ）」に報告しました。

研究では、認知症の既往症のない65歳以上（平均年齢76歳）を対象に、参加者の健康的なライフスタイルスコアを作成しました。健康的なライフスタイルとは、①脳の健康のための食事（果物が豊富な地中海式ダイエットあるいはダッシュ（DASH）ダイエットの遵守）、②晩年の認知活動（読書、美術館への訪問、クロスワードパズルなど）、③中程度または激しい身体活動（150分／週以上）、④禁煙、⑤軽度から中程度のアルコールの摂取です。

ライフスタイルの要因ごとに、参加者は健康の基準を満たしている場合はスコア１、満たさない場合はスコア０としました。５つのライフスタイル要因のスコアを合計して、０から５の範囲の最終スコアを算出しました。スコアが高いほど、健康的です。

年齢や性別などの要因を考慮して解析した結果、健康スコアが４〜５で65歳で健康的なライフスタイルの女性の平均余命は24.2年で男性は23.1年でした。一方、健康スコアが０〜１の不健康なライフスタイルの人の平均余命は女性で21.1年、男性で17.4年でした。その差は女性で約３年、男性では約６年です。ここで用いられている平均余命とは、65歳の人が、あと何年生きられるかの期待値のことです。

また、健康スコアが４〜５の健康なライフスタイルをもつ女性のアルツハイマー型認知症の罹患率は10.8％で、罹患して過ごす晩年

の年数は2.6年でした。男性では6.1%が罹患して、罹患年数は1.4年でした。

一方、健康スコアが0～1の不健康な女性では、アルツハイマー型認知症に19.3%が罹患しており、罹患年数は4.1年でした。男性では12.0%が罹患しており、罹患年数は2.1年でした。

調査対象者を85歳にすると、健康的なライフスタイルの人と不健康な人との差は顕著で、さらに差が大きくなることが分かりました。

以上の結果から、健康的なライフスタイルにしていれば、平均余命が延び、アルツハイマー型認知症に罹患するリスクは低く、かつ罹患して暮らす年数も格段に少ないことが分かりました。つまり、健康的なライフスタイルによって平均余命が延びても、アルツハイマー型認知症で暮らす年数が増えることはないのです。

この結果は、高齢者の幸福と関連する公衆衛生政策に重要で、かつ介護者の負担を減らすことにもなります。こうした観点からも、果物の摂取は重要です。

5）果物が豊富な食事でメンタルヘルスケア

現代社会は経済的に豊かで科学技術も高度に発達し、より便利で快適な生活が実現しています。しかし、ストレス社会とも言われ、うつ病が増加しています。

うつ病の原因は、脳がうまく働かなくなるためと考えられており、食事の改善で症状が回復することが分かってきました。オーストラリアの研究では、中等度から重度のうつ病患者を対象に、うつ病と食事の関係を3か月調べました。その結果、果物が豊富な地中海式ダイエット療法を受けたグループと、一般的な食事療法のグループ

に分けて調査した結果、地中海式ダイエットを遵守しているグループの32％が回復しましたが、対照群では８％でした。また、イギリスの研究では、果物を頻繁に食べる人は、そうでない人と比べて、精神的に安定し、うつ病のリスクも低くなることが分かりました。逆に、ポテトチップスなどのスナック菓子を頻繁に食べる人は、不安のレベルが高い傾向にあることが見出されました。意外にも野菜は精神的健康との関連は認められませんでした。

　果物と野菜はどちらも、最適な脳機能を促進するビタミンやミネラル、食物繊維など必須微量栄養素が豊富ですが、野菜の場合、これらの栄養素が調理の過程で失われてしまいます。果物は生で食べることが多く、このことが精神的健康へより強く影響していると考えられました。

　一方、栄養的価値の低いスナック菓子を頻繁に食べると、不安が増大することが分かりました。また、スナック菓子は、認知障害の増加を介して、うつ病、ストレス、不安の症状の増加、および精神的健康の低下と関連しています。

　さらに、世界保健機関（WHO）は、性に関連する多くの精神的健康格差のため、女性が脆弱な集団であることを示しており、特に女性専門のメンタルヘルス戦略が必要であると述べています。

　アメリカ・ニューヨーク州立大学ビンガムトン校などの研究チームは、精神的ストレスに関連する様々な食品グループとの関連を解析すると同時に、運動の頻度と精神的ストレスに関連する様々な食事パターンとの関連も調査しました。

　その結果、精神的ストレスと食事の直接的な関連性が明らかとなりました。また、運動も精神的ストレスに対する独立変数であるこ

とも分かりました。特に、女性では、ファーストフードの摂取頻度が高いと、精神的ストレスも有意に高いことが分かりました。また、高グリセミック・インデックス食品（精製度の高い穀類や高度に加工された食品）の摂取頻度が多いと精神的ストレスも強くなることも明らかとなりました。逆に、果物と濃い緑の葉物野菜の摂取頻度が高く、朝食をきちんと食べている女性では、精神的なストレスが改善・軽減されていました。

　さらに、驚くべきことに、運動が果物などによる精神的ストレス解消効果をさらに高めることも分かりました。このことは、運動が、精神的ストレス解消のメディエイター（仲介者）として働いているためと考えられました。このように、果物が豊富な植物ベースの食事と運動とは、精神的健康の維持にとって相互に深い関係があることが分かりました。また、女性の不安、精神障害、抑うつ症状、および自殺などのリスクの低下と関連していました。さらに、周産期（妊娠22週から出生後7日未満までの期間）の不安とうつ病のリスク低下にも果物を含む食事パターンの有効性が示唆されています。

　こうした成人女性のメンタルヘルスに関する幅広い側面を解析した結果、他の食事パターンと比較して果物が豊富な植物ベースの食事は、メンタルヘルスの改善に有効であることが分かりました。にもかかわらず、果物の消費量は、摂取目標量200グラムの半分にも達していません。個人的に果物の摂取量を増やすことも大切ですが、公衆衛生上の観点からも果物の摂取を増やす政策の実施が求められています。

6) 果物が豊富な植物ベースの食事で運命は変えられる ——果物とエピジェネティクス効果

　肥満やがん、高血圧などの生活習慣病を予防するためには、果物などが豊富な植物ベースの食事の摂取が大切です。しかし、こうした果物を食べるなどの食習慣がどのようにして私たちの体に作用するのかについては、最近までよく分かっていませんでした。ところが最先端の分子遺伝学研究から、遺伝子（運命）の発現（働き）が生活習慣などによって変わり、遺伝子（運命）の発現（働き）を変えられることが分かってきました。この遺伝子の働きを変える仕組みを「エピジェネティクス」と言います。エピジェネティクスのメカニズムを知れば、果物が豊富な植物ベースの食事の大切さが、より良く理解できます。

　エピジェネティクスの「エピ」は、ギリシャ語で「後で」という意味の接頭語で、ジェネティクスは遺伝学です。エピジェネティクスは、「遺伝子を後から修飾する」という概念を示す用語です。これまで長く研究されてきたジェネティクスは、遺伝子 DNA の塩基配列の遺伝情報を解析することを基本としています。一方、エピジェネティクスは、遺伝子 DNA を変えずに、あとから加えられた化学修飾が遺伝子の働きを変更（調節）する制御機構の研究です。言い換えれば、遺伝子をオンにしたりオフにしたりする機構の解析です。

　エピジェネティクスでは DNA メチル化、ヒストン修飾、非認識 RNA によって遺伝子の働きを制御します。DNA メチル化は、DNA に化学基（メチル基）が追加することで遺伝子の働きが変わります。遺伝子 DNA の特定の場所に追加されると遺伝子の働きがブロック（オフ）され、脱メチル化されると遺伝子の働きがオンに

なります。また、DNA はヒストンと呼ばれるタンパク質に巻き付いています。ヒストンに化学基を追加または削除して、遺伝子の働きを制御する（オン－オフ）仕組みをヒストン修飾と言います。さらに、遺伝子の発現（働き）は、非認識 RNA によっても制御されています。こうしたエピジェネティクスの引き金は、食事など生活環境です。こうして、エピジェネティクスは生涯を通じて変化し、様々な形で健康に影響を与えます。

　この発見が私たちを驚かせたのは、「生まれたときの遺伝子 DNA は基本的に一生変化しない」という今までの科学的な常識に対して、「遺伝子 DNA は生まれた後でも自由に変化する仕組みがあり、遺伝子の働き方が変わる」ということが分かったためです。言い換えると、「遺伝子で運命は決まらない」のです。遺伝子が運命を決めるという科学的な視点は、過去の歴史的な見解となりつつあります。

　さて、遺伝子発現とは、遺伝子の指示に従ってタンパク質が作られることです。食事などによって引き起こされるエピジェネティックな効果は、遺伝子発現を「オン」または「オフ」にします。

　つまり、食事によって遺伝子の働きが変わり、健康状態などが変化します。そのため、何をどれくらい食べるかが重要です。果物が豊富な植物ベースの食事を毎日摂取していると、肥満やがん、高血圧など、メタボリックシンドロームの予防に関わる DNA が化学修飾され、健康に良い効果をもたらすことが分かってきました。そのため、食事によって DNA の化学修飾を改善する方法を用いて生活習慣病の予防や治療に役立てるための研究が推進されています。

　肺がんなどがんの発症には、腫瘍増殖と転移に関与する遺伝子の

過剰発現（オン）と抗がん作用ももつ遺伝子の発現が抑制（オフ）されているためと考えられています。

　一方、果物が豊富な地中海式ダイエットは、肺がんなどのリスクを減らす効果が明らかとなっています。スペイン・ナバラ大学の研究チームは、この果物が豊富な地中海式ダイエットの遵守とエピジェネティクスとの関係を明らかにするために臨床試験を行いました。

　その結果、果物が豊富な地中海式ダイエットの遵守度が高い人は、肺がんの発症に関与する遺伝子の発現が抑制され、がん発症のリスク低下に関与する遺伝子の発現を促進するエピジェネティクス効果を明らかにしました。

　また、イタリア・カターニア大学の研究チームは、地中海ダイエットと発がんとの関係を調査した結果、地中海式ダイエットの遵守率の低さと葉酸欠乏が、健康な女性の血中白血球における LINE-1（レトロトランスポゾンと呼ばれる転移因子：がん遺伝子）の低メチル化（癌遺伝子がオン）によるゲノムの不安定性を引き起こすとの仮説を実証しました。

　妊娠していない女性177人を対象に、地中海式ダイエット遵守スコアと葉酸摂取量を調べました。LINE-1 のメチル化レベルが測定されました。研究の結果、果物の摂取量が中央値を下回った（＜201gr/ 日）の女性は、中央値を超えた女性よりも LINE-1 低メチル化度が3.7倍も高いことが分かりました。同様に、葉酸欠乏症の女性は、葉酸欠乏症のない女性よりも LINE-1 低メチル化度が3.6倍も高いことが分かりました。

　つまり、果物の摂取量が少なく、葉酸欠乏を特徴とする食事スタ

イルは、LINE-1の低メチル化を介してがんのリスクが高まること
が分かりました。一方、果物の摂取量が多く、適切な量の葉酸を摂
取できる地中海式ダイエットは、LINE-1のメチル化度が高いため、
がんの予防に効果的であることが分かりました。果物の摂取量がエ
ピジェネティクスと関係しているのは、果物に葉酸が多く含まれて
いるためと考えられています。

　こうした結果から、果物が豊富な植物ベースの食事に改善するこ
とが生活習慣病の予防に有効です。わが国の健康・栄養調査から、
日常的に最も不足しているのは、ビタミン、ミネラル、食物繊維、
ファイトアレキシンを多く含む果物です。果物を摂取してバランス
のよい食事に改善することで、遺伝的な背景があったとしてもがん
など生活習慣病の発症を遅らせるか、防ぐことが期待できます。

【参考文献】
1）石毛直道ら監訳：ケンブリッジ世界の食物史大百科事典．１巻：祖先
　の食・世界の食．２巻：主要食物：栽培植物と飼養動物．３巻：飲
　料・栄養素．４巻：栄養と健康・現代の課題．５巻：食物用語辞典．
　朝倉書店．（2005）
2）田中敬一．見直そう！　くだもののちから（改訂版）．日本園芸農業協同
　組合連合会（日園連）．（2021）

第2章

果物を哲学的、医科学的な 視点で見直そう

「生きるために食べよ、食べるために生きるな」は、古代ギリシャの哲学者ソクラテス（紀元前470年頃〜紀元前399年、享年71歳）の言葉です。私たちの日々の食の選択には、自身の価値観、人生観が内包されているのです。

しかし、日常的に意識することはあまりありません。文明以前のヒトは、何を食べていたのか、健康のための果物・食事とは、持続可能な果樹・農業とは、そもそも果物をなぜ食べるのか、など食料システムの中心にある問題について、深く考えることはほとんどありません。

そこで、本章では医科学的事実をもとに「生きるために何を食べるのか？」について考察します。

1. 生物としてのヒトの食事

　私たちの地球の歴史の中で、植物が陸地に上陸すると、その植物を餌とする草食動物が誕生しました。植物が進化するとそれに伴って動物も進化してきました。植物は太陽エネルギーを利用して自ら養分をつくり出すことができます。一方、動物は自ら養分をつくることができず、植物などの生物を食べることで生命を維持しています。つまり、動物は植物に依存しているわけです。

　およそ6600万年前に巨大な隕石の衝突により、太陽光が遮られ、長期間にわたって冬が続き、シダやソテツなどの植物が育たず、その結果として恐竜が滅亡しました。

　次の時代、地球を支配したのはエネルギー効率や生殖機能が優れている果実をつける被子植物です。被子植物にはリンゴやモモ、ナシなどのバラ科植物などが含まれています。こうして、この果物など被子植物を餌として繁栄しているのが私たち霊長類を含むほ乳類です。

　恐竜が滅亡して被子植物が支配する地球に生まれたチンパンジーやヒトの DNA は極めて近似しており、ビタミン C の合成ができないなど生命原理もほぼ同じです。このグループは、果物などが豊富な植物ベースの食事が基本であるとのエビデンスが蓄積しています。

　生物としての私たちは、果物などを食べていた狩猟採集時代を経て、農業革命や産業革命を経験して、私たちの食生活が大きく変化してきました。その食事の典型が肉食ベースの欧米型食生活です。しかし、その食事形態が生活習慣病の主要な原因で、なおかつ環境破壊とも密接につながっています。

2. 技術の進歩と欲望

　文明が進歩すると人間の食欲の限界を軽々と超える技術が開発され、限りない欲望を引き出すことができるようになりました。例えば、砂糖や塩、脂肪を添加したスナック菓子類、コーラなどの飲みやすいソフトドリンク、塩や脂肪の多いファーストフードなどは、胃の許容限界を超えて摂取してしまう食品です。しかし、この食欲の限界を超える欲望は、生活習慣病の原因です。

　産業革命による技術開発で、精製した砂糖が安価に手に入るようになると、食品に砂糖が加えられ、甘味への欲望は際限なく拡大しました。また、私たちは、のどの渇きが満たされたり、満腹感が満たされると飲むのをやめたり、食事をやめたりするのですが、「飲みやすい」、「食べやすい」食品の開発によって、生物的な欲求以上に飲んだり、食べたりしてしまいます。さらに、食用油を工業的に安価に生産できるようになると、脂肪食品を好むヒトの欲望を満たす食品が開発されました。近年では、簡単に食べられるファーストフードや、高度な技術を使ったビタミンやミネラルなどのサプリメントの開発に成功しています。

　しかし、精製した砂糖を添加したソフトドリンク、脂肪や砂糖、塩を含む高度に加工された加工食品やファーストフード、サプリメントなどの欲望を満たす超加工食品の摂取は、ガンや心臓病、脳卒中、認知症などの生活習慣病を誘発することが分かってきました。
　一方で、複数のヒトを対象としたコホート研究や臨床介入研究な

どから、高脂肪食品などを避け、果物などを摂取すると過剰な食欲が抑制され、満腹感が改善されることが分かり、生活習慣病の予防に果物などの摂取が有効なことが分かりました。

　同時に、食品に対する過剰な技術開発の問題点も明らかになりました。文明が生み出した高純度の砂糖は生活習慣病の原因になりますが、文明以前から地球に存在していた果物などに含まれる糖分は、様々な栄養素との複合的かつ相互に作用し代謝を活発にすることにより生活習慣病の原因とはならず、生命活動に必須のエネルギー源となっていることも明らかとなりました。

3. デザイナーフーズ計画、
活性酸素有害仮説の終焉

　1980年代、生活習慣病を予防するための理論仮説は次の２つでした。１つは、果物や野菜中心の食事全体のバランスを重視する理論仮説、もう１つは、食品中の特定の薬効をもつ機能性成分を重視する理論仮説でした。

　1991年、後者の立場に立つアメリカ国立ガン研究所などは、2000万ドルの予算で、デザイナーフーズ計画を開始しました。この計画の目的は、ガン予防の薬効を持つ機能性成分を特定して、新しい加工食品を開発することでした。研究対象となる果物や野菜など約40種類が公表されました。これが、わが国でも良く知られているニンニクを頂点とするガン予防のためのデザイナーフーズ・ピラミッドです。

　ところが、10年後、デザイナーフーズ計画は中止されました。アメリカ国立ガン研究所の科学雑誌に、「何が起こったの？　10年を振り返る」と題した研究の総括が掲載されました。この論文で、機能性成分を付与した新しい食品の開発を放棄したことを明らかにしました。

　このプロジェクト研究で、技術開発により作出されたβ-カロテンなどのサプリメントが有害である場合があることが明らかになりました。同時に、β-カロテンを豊富に含むカキやアンズ、ニンジンなどの生活習慣病予防効果を示すエビデンスは強化されました。

デザイナーフーズ計画とともに20世紀の栄養研究をリードしてきたのは、活性酸素有害仮説です。ところが、2012年、アメリカ農務省は、活性酸素有害仮説を覆す決定を行いました。食品やサプリメントの活性酸素消去能力を示す値と生活習慣病発症との間には有意な関係が認められないと結論付け、収集したデータベースをすべて取り下げ撤回しました。この発表は、世界中の機能性成分の研究者に衝撃を与えました。

　活性酸素は、体内では酸素代謝の一翼を担っていることが分かりました。同時に、体内では自然免疫や情報伝達の制御因子に作用するなどの様々な生理機能も明らかになりました。また、活性酸素を完全に除去するとヒトの健康を害することも分かりました。例えば、活性酸素は体内に侵入したウイルスや病原菌などを排除する働きも明らかとなりました。こうした研究により活性酸素有害仮説が取り下げられました。

　こうして、デザイナーフーズ計画と活性酸素有害仮説が棄却されました。

4. サプリより果物が豊富な植物ベースの食事が優れている理由

　複数の最新の医科学研究の結果から、単一または複数の成分や特定食材が生活習慣病の予防効果が期待できない一方で、果物など栄養素が豊富な植物ベースの食事は、生活習慣病の予防に効果的であるとのエビデンスが蓄積し続けています。

　一部の研究者は、食生活を改善することなく、特定の成分が食品に含まれている栄養素と同じ生化学経路を経て作用するとし、生活習慣病を予防できると考えてきました。また、現在使用されている特定の成分などは、食事の中の栄養素との相互作用があるのか、そしてそれはどのようなものなのかを検討せずに利用されています。さらに、ヒトのシグナル伝達経路を考慮して設計されている場合でも、期待通りに働いているのかは不明でした。

　一方、食品は、生物の生命を維持するために摂取します。食べ物を食べると、消化器官と酵素が働き、様々な目的のために様々な栄養素を作出し、多種多様な成分を生み出します。そして、こうして生み出された多種多様な成分が互いに助け合って人の生命活動を高めます。例えば、果物に含まれているビタミンやミネラル、食物繊維、ポリフェノールなどが複合的に作用し、満腹感を高めたり、腸内細菌叢を改善したり、体内の代謝を活発にしたりします。

　最近、オーストラリア・シドニー大学の研究チームは、細胞内における代謝には、食事の組み立てが、特定の成分よりも強い影響を

及ぼすと、基礎医学雑誌「細胞代謝」に発表しました。

　食事の組み立ては、代謝経路だけでなく、細胞の機能を制御する基本的なプロセスに特に強い影響を及ぼしていました。また、食事の組み立ては、細胞が遺伝子をどれだけ正確に目的のタンパク質へと変換するかに影響することが明らかとなりました。さらに、食事の組み立ては、代謝経路だけでなく、ミトコンドリア機能やRNAの合成などの基本的なプロセスにも強い影響を及ぼしました。

　一方、レスベラトロールなど薬効成分や機能性成分は細胞の再形成には関与せず、主に細胞の代謝反応を弱めるように作用していました。

　この実験結果は、健康を改善するためには薬効成分や機能性成分を利用するよりも、果物など栄養素が豊富な植物ベースの食事に変えることの方が高い価値が得られることを示しています。

5. 持続可能な地球の創出のためには 果物が豊富な健康的な食事がいい

　地球の人口は現在約77億人で、2050年頃には100億人となり、その後も増え続けると予想されています。そのため、持続可能な地球環境を維持しつつすべての人々が栄養豊富な食生活を営むために十分な食料をいかに生産するかが長年の課題でした。

　2015年のパリ協定では、二酸化炭素などの温室効果ガスを削減して、平均気温を産業革命前の気温より2℃以内に抑えることを目標としています。この目標を達成するには、化石燃料を削減するだけでは不十分で、農業生産システムの見直しも求められています。

　農林業は、温室効果ガスの総排出量の約25％を占めており、発電や暖房による排出量とほぼ同じ量で、飛行機や自動車などによる総排出量よりも多いことが分かりました。特に、畜産や酪農の排出量は、14.5～18％を占めています。

　また、食料輸送中の温室効果ガス削減のためには、地域の生活や文化に根ざした地産地消が重要です。ところが、わが国の食料自給率がカロリーベースで37％と、海外からの輸入に頼っており環境に負荷を与えています。

　こうした課題を解決し、地球上に暮らす人々が健康的な食事をするためには、持続可能な食糧生産システムを確立する必要があります。

　世界をリードする医学雑誌「ランセット」の専門委員会は、人の健康を促進し、温室効果ガスの排出量を減らすために、食事プレー

トの半分を果物（200g）と野菜（300g）として、残りの半分を主に全粒穀物、植物タンパク質、不飽和植物油、適度な量の肉と乳製品などで構成する「地球・健康・ダイエット」を提案しています。

　食品群の分類が異なるので単純ではありませんが、地球・健康・ダイエットの目標量と比較して、わが国の食品摂取の現状（国の国民健康・栄養調査から）は、畜肉、魚介類、卵は目標量を上回り、野菜などは目標量と同程度で、果物やナッツなどは不足しています。

　地球・健康・ダイエットに類似している果物が豊富な植物ベースの地中海式ダイエットもまた、経済的および社会文化的利益とともに、健康であるという科学的証拠があり、かつ、環境への影響が少なく、持続可能であり、地域政策としても推奨できるとして、今後の食料システムとして優れていることが分かりました。

6. なぜ、果物を食べる必要があるのか

　私たちは、ホモ・サピエンスですが、常に自身の理性や信念に従って選択し、行動しています。哲学的な食通になることは、あなたの人生にどのような影響を与えるのでしょうか。例えば、食べ物を選ぶとき、何を重視しますか。味ですか、値段ですか、便利さですか。それとも地球環境ですか、あるいは健康で文化的に生きることですか。

　そこで、食事に果物を取り入れるための6つの視点を提供します。

①飽食の時代と言われる現代で、最も不足しているのが果物で、摂取目標量の半分しか食べていません。

②果物など栄養素が豊富な植物ベースの食事は、生物としてのヒトの生命維持の基本的な源です。

③現代医科学が明らかにした健康によい植物ベースの食事、例えば地中海式ダイエットなどは、狩猟採集時代の食事に類似していることが明らかとなりました。そのことは、文明を捨て去るのではなく、共存・繁栄する道があることを示しています。

④地産地消の果物は、持続可能な開発目標（SDGs）に合致しています。すなわち、果物の豊富な食事は、地球環境の改善に役立ちます。

⑤ビタミン、ミネラル、食物繊維、ポリフェノールなどが豊富で栄養価の高い果物は、ヒトの生命力を支え、生活習慣病を予防して健康に寄与します。

83

⑥果物は、持続可能性や基本的な生存などグローバルな価値がある食材です。

　人生をより豊かにするためには、哲学的な視点を持つことが大切だと考えられています。その第一歩は食の選択です。また、哲学的な食通になることは、世界を良くする新しい方法でもあります。

【参考文献】
1）田中敬一. 見直そう！ くだもののちから（改訂版）. 日本園芸農業協同組合連合会（日園連）. （2021）

第 3 章

果樹の生理・歴史・逸話と
果物の栄養・健康機能性

本章では、果樹の生理、歴史、逸話、果物の栄養と健康機能性
について、具体的に紹介します。

温州ミカン　　中晩柑　　　リンゴ　　　　日本ナシ

西洋ナシ　　　モモ　　　スモモ・アンズ

オウトウ（サクランボ）　　ウメ　　　クリ

イチョウ　　　ブドウ　　カキ　　　　ブルーベリー

ビワ　　　キウイフルーツ　　イチジク　　　オリーブ

アボカド　　　パイナップル　　バナナ　　　マンゴー

イチゴ　　　メロン　　　スイカ

1. 果樹と野菜の違いを知る

●**イチゴは日本では野菜、米国では果樹。どうして？**

　米国ではイチゴ栽培の多くは多年生栽培の形をとり、ベリー類として果樹に入れています。一方わが国ではイチゴは1年生栽培の形をとっていたので、野菜の果菜類に入れたようです。つまり、

　作付けが1年生の作物＝野菜

　植え付けてから収穫するまでに2年以上を要し、収穫後も同じ植物体で栽培を継続するもの＝果樹

　という定義が現在は一般的です。

2. 樹種別の生理、歴史と逸話

この項では樹種ごとに来歴、主な品種、選び方、機能性成分についてご紹介します。また、最後には一口メモとして、補足情報と神話・逸話などを記しました。少しでも果物を楽しむために、役立てていただければ幸いです。

温州ミカン

1. 樹種の来歴

カンキツ（柑橘）は、ミカン科ミカン亜科に属する果樹です。わが国では、カンキツを温州ミカン（うんしゅうみかん）と中晩柑（ちゅうばんかん／1月から5月ごろに収穫される、温州ミカン以外のカンキツの総称）に分けています。

温州ミカンは中国から帰国した僧侶か中国交易船の船員が、現在の鹿児島県長島にもたらしたミカン類の、偶発実生（偶然発見された個体）です。その時期は江戸時代初期と言われていますが、戦国時代から室町時代にまでさかのぼる、とする説もあります。

ミカンという名前の由来は、昔、日本原産の橘（タチバナ）をミカンとも呼び、蜜柑と書いたことによると言われています。

国内の主な栽培地は和歌山県、愛媛県、静岡県、熊本県あたりが多く、どこも温暖で日照の良い土地です。栽培には年平均気温が15〜18℃の地域が良いとされ、北限は茨城県南部、千葉県です。温州ミカンは、愛媛県の県花になっています。

2. 温州ミカンの主な品種について

　温州ミカンは、熟期の違いにより極早生温州（ごくわせうんしゅう）、早生温州（わせうんしゅう）、普通温州に分けられています。

　温州ミカンにはたくさんの品種があります。多くは［有田ミカン］や［愛媛ミカン］のように産地の名前をつけてアピールされていたり、一方で「宮川早生」や「南柑20号」など、様々に品種改良されたものもあります。実際の店頭では［有田］［愛媛］［和歌山］など地名をつけて販売されることが多いのですが、実る（収穫する）時期や味、香りなど、品種によって様々あります。秋から春先まで、長い期間にわたって店頭に並ぶ果物でもありますし、いろいろ食べ比べてみて、好みのものを見つけるのも楽しいものです。

　温州ミカンの主な品種については、［一口メモ］に記述しました。

　温州ミカンの生理的特徴は、［単為結果性］（受精を伴わず、種子を形成しないまま子房だけが発達して無種子の果実を生じる現象）であることと、種子が多胚性（中晩柑の項で説明）であることです。

●品種と系統の違い

　品種とは"他と明確に区別できる特性を持ち、その特性を維持しながら繁殖できる集団"のことを言います。一方、系統とは"品種より明確な差異はなく、微細な変異を持った集団"を言います。

　このように"品種として扱うか"、"系統として扱うか"は主として変異の程度（どのくらい違うか？）によるものですが、実はその間に絶対的な区別はありません。

　このことが特に問題となるのは、次々と枝変り（芽の成長点の分裂組織において、遺伝子の一部が自然に変異すること）が発見されている温州ミカンの場合です。早生系統と晩生系統との間には［熟

期の違い〕という明確な差異があり、品種として取り扱っても良いようにみえます。しかし、早生系統と晩生系統の間には、熟期が少しずつ異なる系統が連続的に存在しているので、熟期が近い系統どうしの間では、熟期の面から品種として区別することができません。したがって温州ミカンの場合、枝変わりなどから生じた変異の少ない個体は、系統と呼んだ方が良いとされています。

3．温州ミカンの選び方

　果実が扁平で、濃い橙赤色（赤みの強いだいだい色）のもの、皮が薄く、ヘタ（ガク、葉状の部分）がだいだい色から黄緑色をしていて、大きさの割に重みのあるものが良品です。果面（皮の表面）がザラザラと粗かったり、皮が浮いている果実（浮皮と言います）の味は淡泊な傾向にあります。大きさでいうなら、早生温州なら小さい方が、普通温州は中位のものがおいしいでしょう。

4．機能性成分

　温州ミカンは抗酸化作用のある**ビタミンC・ビタミンE・ポリフェノール**を多く含んでいて、ガン予防に効果が期待できる、ともされています。**カリウム**も多く、また袋（じょうのう膜）などには**食物繊維**や抗酸化作用・抗炎症反応・抗アレルギー作用などがある**ヘスペリジン**を多く含んでいます。巻末参考資料の〔主な機能性成分と効能〕の項も参照してください。

　一口メモ

1．主な品種の続き

　温州ミカンは熟期の違いにより、次のような系統があります。

①極早生温州 （ごくわせうんしゅう）	熟期が9月上旬〜10月上旬のもの。 「上野早生」、「日南1号」、「宮本早生」 など。
②早生温州 （わせうんしゅう）	熟期が10月中・下旬のもの。 「宮川早生」、「興津早生」など。
③普通温州 （ふつううんしゅう）	早熟系：熟期が11月上・中旬のもの。 「南柑20号」など。 中熟系：熟期が11月中旬〜12月上旬のもの。 「大津4号」、「林温州」、「南柑4号」など。 晩熟系：熟期が12月中・下旬のもの。 「青島温州」など。 晩熟系は貯蔵ミカンとも称し、3〜4月頃まで貯蔵・出荷されます。

　なお、ハウスミカンは、加温時期によって早期加温（6〜7月出荷）と後期加温（8月下旬〜9月出荷）に分けられ、最も早いものは4月頃から出回ります。

2.　なぜ、温州という名を付けたのか

　日本には［温州］という地名はありません。ミカンの産地として名高い和歌山は［紀州］ですし、静岡は［遠州］ですよね。江戸時代の温州ミカンには、「李夫人」、「ハダヨシ」、「薄皮クネンボ」、「タネナシ蜜柑」、「唐蜜柑」など地方ごとに多くの呼称がありました。温州ミカンの栽培が普及し始めた1800年代の前半に統一した呼称が必要になり、中国の浙江省温州が品質の優れたカンキツを産出

する地域として知られていることから、わが国の本草学者（薬用に
なる植物を研究する学者）が中国の温州に思いをはせて、［温州］
という文字を冠したようです。

3. 紀伊国屋文左衛門が江戸に運んだのは温州ミカン？

"沖に白帆が見える。あれは紀の国ミカン船"という俗謡があり
ます。これは江戸時代の貞享2年（1685年）に、ミカンの価格が高
騰している江戸に、紀州から悪天候をおしてミカンを満載した船
を送り、大金を儲けたという紀伊国屋文左衛門の話によるものです。
このときのミカンは温州ミカンではなく、「紀州ミカン」です。こ
れは、「小ミカン」、「桜島ミカン」とも呼ばれ、今も12〜1月に
時々売られています。果実は小さく40〜60g、種子が多く食べづら
いですが、甘く香りがあり美味しいミカンです。

「紀州ミカン」は中国原産で、温州ミカンがわが国に広く普及す
る明治時代中期まで、カンキツの主流品種でした。

4. 温州ミカンはすぐには普及しなかった。それはなぜ？

江戸時代の"嫁して3年子無きは去る"とさえ言われた封建時代。
温州ミカンの無核性（種がない）が忌避され、"食べると子供がで
きない"という迷信が信じられていたからです。

5. ミカンとミカン類とは違うの？

ミカンというと一般には温州ミカンのことを指しますが、［ミカ
ン類］というとまた別の意味になります。ミカン類とは、剥皮が容
易な（手で簡単にむける）カンキツの総称です。ミカン類には温州
ミカン以外にも、紀州ミカン、ポンカン、「アンコール」、「不知火」、

「はるみ」、シイクワシャー、タチバナなどがあり、英名では［マンダリン］と記されます。

6. 温州ミカンの上手なむき方はある？

　ヘタ（葉状の部分）の方からむいていくと、アルベド（白い筋の部分）が取れやすく、上手にむけます。本当は、あまり上手にむかず、アルベドも食べた方が健康には良いのですが。

7. 皮を上手にむかない方が健康には良い？

　上手にむけないと、実に白い筋（わた）が残りますね。この残ったわた（アルベド）や袋（じょうのう膜）には、ヘスペリジンという成分が含まれています。この成分には、抗酸化作用、抗炎症作用、抗アレルギー作用、毛細血管の強化、血流改善などの効果があります。丁寧にむいて食べる人もいますが、できれば筋（わた）も袋もまるごと食べるのが、栄養面・健康面には良いと言えるでしょう。

8. 昔のミカンは今ほど甘くなかった？

　鹿児島県長島で発見された当時の温州ミカンは糖分が少なく、今の私達にとって美味しいものではなかったと想像されています。現在出回っている温州ミカンが甘いのは、人々が長年にわたって［甘いミカンを探し求めた］こともありますが、甘くなった最大の理由は"土壌水分が多いと果実糖度が上昇しない"ことを発見したことによります。梅雨明け後、地表面をフィルムなどで覆い、雨滴を土壌内に入れないようにして、土壌を乾燥させるシートマルチ栽培が行われるようになって、温州ミカンは劇的に甘くなったのです。

9. 皮をむかなくても袋の数が分かるって、本当？

果実のヘタをとると、小さなツブが円状に並んでいます。この数だけ袋があります。このツブツブは果実に水や栄養分を運ぶ管（維管束）で、1本が一つの袋につながっているのです。

10. 温州ミカンは家庭果樹に最適！

温州ミカンは単為結果性（前述）があるので、1本でも果実がなります。気温が－5℃にまで下がらない地域（茨城県南部、千葉県が北限）なら、一般家庭の庭でも育てることができます。秋に果実が熟すと景観的にも美しく、収穫も楽しいイベントになることでしょう。

11. テレビオレンジとは、どんなオレンジ？

温州ミカンは、海外でも人気です。ナイフを使わなくても、手で簡単に皮をむくことができて、種もなく手も汚れません。そこでテレビを見ながら食べられるため、カナダではこのように呼ばれているのです。

12. 世界で最初の［フルーツの缶詰］は日本の温州ミカンだった！

［缶詰］の誕生は1804年。フランスで長期保存できる軍用食料として誕生しました。日本で最初に缶詰が試作されたのは、明治4年（1871年）でイワシの缶詰でした。果物の缶詰はその翌年明治5年に、わが国が世界で初めて温州ミカンの缶詰を作りました。明治13年にはモモ、ビワ、イチゴの缶詰も試作されています。

中晩柑

1. 樹種の来歴

　中生カンキツとは、1月から2月上〜中旬に収穫するカンキツを言い、晩生カンキツとは、それ以降に収穫するカンキツを指します。しかし、栽培地域により収穫時期が異なることなどから、現在は両者を区別せず、中晩生カンキツ（中晩柑＝ちゅうばんかん）と一括して言います。つまり、中晩柑という特定のカンキツがあるわけではなく、中生・晩生合わせた時期に収穫される、温州ミカン以外のカンキツの総称なのです。

　カンキツは2000万〜3000万年前から存在したと言われていて、原産地は大別して二つに分けられます。一つはインド東部のヒマラヤ山麓からアッサムにかけての地域で、インド野生ミカン、シトロン、ライム、レモン、ブンタン、ダイダイ、スイートオレンジ、ポンカンなどの原産地です。もう一つは、四川省以東の長江流域以南と浙江省から広東省に至る沿岸地域を含めた中国地域で、ユズ、ミカン類、キンカン、カラタチなどの原産地と考えられています。

　中晩柑の栽培は愛媛県、熊本県、和歌山県、鹿児島県が多く、栽培には年平均気温が16℃以上の地域が適しています。より高品質な果実の生産には、より温暖な所が良いでしょう。

　ナツミカンの花は山口県の、スダチは徳島県の県花に指定されています。

2. 主な品種

| 不知火
（しらぬひ） | 現・果樹研究所が「清見」に「中野3号ポンカン」を交配して育成したもの。 |

清見	現在あるカンキツの中で、最高の品質と言われています。ほぼ無核(種なし)です。現・果樹研究所が「宮川早生」に「トロビタ・オレンジ」を交配し、昭和54年に命名登録した品種。じょうのう膜が薄く、オレンジのようなこうばしさがあり、味は極上、通常は無核です。
その他の優良な中晩柑	現・果樹研究育成の「せとか」「はるみ」、愛媛県育成の「甘平」、インド原産のポンカン・スイートオレンジ、中国原産のタンカン、ブラジル原産のネーブルオレンジ、などがあります。

3．選び方

　品種によって多少異なりますが、果皮の橙（だいだい）色が濃く、大きさの割に重みのある果実が良品です。皮にハリがあり、薄いものを選びましょう。果面が粗いものは良くありません。

4．機能性成分

　品種によって機能性成分は多少異なります。平均的には、抗酸化作用・抗炎症作用や血流改善に関与する**ヘスペリジン**、毛細血管の強化・循環器系疾患を予防する**ナリンギン**、のどの痛みを緩和する**シネフリン**、ガンの予防効果があるとされる**オーラプテン**を多く含んでいます。さらにオレンジには、貧血予防に効果のある**鉄**、活性酸素の除去や骨折の予防に関与する**銅**などを多く含まれています。

一口メモ

1. 日本原産のカンキツってあるの？

　わが国に原生していたカンキツは、タチバナ（橘）だけです。タチバナの語源は、花が立っていることから［立花］に由来します。『紫宸殿の右近の橘』という故事にもあるように、古くから神聖な樹木として、神社仏閣の境内に植えられてきました。果実は10g位で酸味が強く、生食には不向きです。直立する樹姿は美しく、文化勲章は、タチバナの花を図案化したものです。

2. スイートオレンジ

　スイートオレンジは、ブンタンとミカン類の雑種とされています。スイートオレンジは、普通オレンジ（［へそ］がなく、果皮色が橙色のオレンジの総称）、ネーブルオレンジ（果頂部に［へそ］があり、無核のオレンジの総称）、ブラッドオレンジ（果皮や果肉が赤い品種群）、無酸オレンジ（酸が極めて少ない品種群）に大別されます。世界のカンキツ栽培面積の約70％はスイートオレンジですが、わが国では冬期の低温と夏期の高温・多湿のため、高品質なものができず、少し栽培されているに過ぎません。現在、普通オレンジとネーブルオレンジは、大量に輸入されています。なお、［へそ］（英語でネーブル navel）とは、果頂部に心皮（雌しべを構成する特殊な分化をした葉）に由来する、小さな果肉を言います。

3.「ワシントン・ネーブル」はワシントンが原産地なの？

　1530年頃、ブラジルにスイートオレンジが導入されたことで「バイア・ネーブル」が生まれました。1870年に米国農務省がこの苗木を導入し、ワシントン市の温室に植えたことから「ワシントン・ネ

ーブル」の名が付いたと言われています。なお、[ネーブル]とは、英語で[へそ]のことです。

4. グレープフルーツの誕生

インドからヨーロッパに伝わったブンタンは、1642年にスペインのChaddock船長により、西インド諸島のバルバドス島に導入されたと伝えられています。1750年頃にこの島で、ブンタンとスイートオレンジの雑種としてグレープフルーツが誕生しました。

グレープフルーツの名は果実がブドウのように房状に着くためとか、果実の香りがブドウに似ているからとも言われています。

5. カンキツを「柑橘」と書くが、柑橘って中国語?

わが国最古の漢和辞書である『新撰字鏡』(898〜901年、昌住)に、柚、橙、枳、柑、甘柑などの名があります。当時はカンキツの種類に応じて、これらの漢字を使い分けていたのでしょう。江戸時代になるとわが国でもカンキツの種類が増え、これらを総称する必要性が出てきたと思われます。そこで、江戸時代には[柑]=食用カンキツを、[橘]は薬用カンキツを指していたことから、この2字を合わせ[柑橘]という言葉ができたものと推察されています。つまり[柑橘]は、わが国で生まれた名称なのです。

6. 一旦橙色になった果実が、再び緑色になることがある?

樹上の果実は成熟するのに伴って果皮の葉緑素が消え、カロテノイド(赤〜オレンジ色を呈する色素の総称)が増加して黄色や橙色になります。しかし、一旦着色した果実が再び緑色になることがあり、この現象を回青(かいせい)と言います。オレンジ、ダイダイ、

ヒュウガナツなどで起こる現象なのですが、成熟期の気温の上昇と光線により、再び葉緑素が再生されるためです。

●多胚性とは…これが新種の育成を妨げている！

カンキツには、単胚性と多胚性の種子があります。

単胚性とは、「清見」などに見られるように、種子親（母親）と花粉親（父親）の花粉が受粉・受精してできた交雑胚を１個もつ種子です。

多胚性とは、一つの種子の中に交雑胚１個と種子親と同じ遺伝子をもつ胚が多数存在する種子です。

多胚性の種子を播くと多くの胚が植物として育ち、交雑胚を見つけることが難しくなります。このことが、新品種の育成を妨げています。 温州ミカン、オレンジなど大半のカンキツが多胚性です。

7.「清見」の血を引く品種はおいしい！

カンキツの中でも「清見」以外からは、あまり優秀な品種は育成されていません。ここで、「清見」の血をひく、優秀な品種を紹介しましょう。

「清見」×「中野３号ポンカン」＝「不知火」（しらぬひ）

「清見」×「ポンカン F-2423」＝「はるみ」

「T-378」（清見×興津早生）×「ページ」（ミカン類×ブンタン）
　　＝「天草」

「清見×アンコール№２」×「マーコット」＝「せとか」

「西之香」（清見×トロビタ・オレンジ）×「不知火」＝「甘平」

もし店頭で見かけたら、ちょっと「清見」に思いをはせてみてください。

8. 店頭で「清見オレンジ」というのを見かけました。これは誤りなのでは？

ちょっと専門的な話題ですが、お付き合いください。

もしもこの表記が店頭にあったとしたら、それは誤りです。正しく表示するなら、ただ「清見」とするか、「清見タンゴール」とすべきで、オレンジではありません。

タンゴールとはミカン類（皮がむきやすいカンキツ）とオレンジの雑種の総称です。

「清見」は温州ミカンの「宮川温州」とオレンジの「トロビタ・オレンジ」の交配種です。

タンゴールには、「清見」、伊予柑、タンカン、「せとか」、「天草」、「マーコット」などがありますが、「清見オレンジ」という品種はないのです。

9. 「デコポン」と「不知火」はどこが違うの？

「デコポン」という名は商標登録されているので、使用を許可されている農業協同組合だけが名乗ることができます。具体的には糖度13度以上、酸度１％以下など、ある基準に達したものを「デコポン」として、それ以外のものは「不知火」として販売しています。

ちなみに「不知火」は“しらぬい”ではなく、“しらぬひ”と読みます。

10. シイクワシャーの名の由来は？

昔、沖縄では、シークヮーサーと呼んでいました。［シー］は酸っぱい、［クヮーサー］は洗濯するという意味です。つまり、シイクワシャーという名は、芭蕉布で作った衣類を一昼夜シイクワシャ

ーの搾り汁に漬け、それを川の水で棒でたたいて洗ったことに由来
します。

11．わが国でユズ湯に入る風習を流行させたのは、誰？

　日本には冬至の日にユズ湯に入る風習がありますが、この風習は
江戸時代末期の天保9年（1838年）に刊行された『東都歳時記』
（斎藤月岑編、近世末の最も詳しい年中行事の文献）に、銭湯で流
行し始めたと記載されています。ユズ湯に入ると、ひびやあかぎれ
が治り、風邪を引かないということで、庶民の中で流行したようで
す。現在でも、ユズの果皮を風呂に入れたユズ湯に入浴すると血行
が促進され、肌に潤いを与えられて風邪をひかないと言われていま
す。また、ユズの香りには神経をリラックスさせる効果もあります。

リンゴ（林檎、苹果）

1．樹種の来歴

　リンゴはバラ科リンゴ属の落葉樹です。栽培品種の基本種の原産
地は、カフカス地方から北部イラン地方とされています。わが国へ
は平安時代頃に中国から渡来しましたが、中国ではこれを林檎（リ
ンキン）と呼んでいました。この林檎がわが国に渡来した時、わが
国ではどう間違えたのか、林檎をリンコウと呼びました。現在のリ
ンゴの呼び名は、このリンコウに由来します。渡来した頃のリンゴ
は横径40mm前後と小さく、味も良くありませんでした。そのため、
当時広く普及するまでに至らなかったのです。なお、林檎とは中国
では"林に住む鳥のえさになる程度の野生のもの"という意味です。
　欧米系のリンゴ（西洋リンゴ）の本格導入は、明治4年（5年と

の説も）に開拓使が米国から75品種を導入したのが最初です。その中には「国光」や「紅玉」が含まれていました。その後も米国から、米国原産の「デリシャス」、「ゴールデン・デリシャス」、「スターキング・デリシャス」などを導入しています。中国から渡来した「林檎」に対して、「苹果」は西洋リンゴにあてた字です。

　栽培は青森県が特に多く、次が長野県です。栽培には4〜10月の平均気温が13〜21℃の冷涼な地域が適地です。

　リンゴの花は、青森県の県花です。

2. 主な品種

| ふじ | 現・果樹研究所が「国光」に「デリシャス」を交配し、昭和37年に登録。熟期は11月上〜中旬の赤系の晩生種です。果実重は300g前後で、果汁が多く、糖度は14〜15%と高く非常に美味で、貯蔵性にも非常に優れています。現在、世界一の栽培面積を誇っています。 |
| シナノゴールド | 長野県が「ゴールデン・デリシャス」に「千秋」を交配し、平成11年に品種登録。熟期は10月上〜10月中旬です。果実重は300g程度で果皮は黄色。果汁が多く、味も極めてよく、貯蔵性にも非常に優れています。 |

3. 選び方

　軽くたたいてみて、澄んだ音がする果実を選びましょう。赤系の

リンゴは尻に緑色が残っているもの、青系のリンゴでは緑が濃いほど［未熟］なのでご注意を。果皮に張りがあり、手にのせた時に重量感のある果実が良いでしょう。尻のくぼみが深い方が、甘みが強い傾向があります。軸がしなびているリンゴは、鮮度が落ちている証。また、保存する際に軸を下にすると、エチレンの発生が促進されて貯蔵性がなくなってしまいます。

4．機能性成分

　リンゴに含まれる食物繊維に**ペクチン**があります。ペクチンは、腸内細菌の善玉菌であるビフィズス菌を増加させ、腸壁を刺激して便通を良くし、糖やコレステロールの吸収を抑制する効果があります。さらに、体内の放射性物質を吸着し体外に出す作用もあります。

　リンゴに含まれる**ソルビトール**は吸水作用があるため、便を軟化させるとともに、便の pH を下げて蠕動運動を活発にし、また虫歯菌の作用を抑えてくれます。**カリウム**は高血圧の予防に役立ちますし、抗酸化作用の強い**ケルセチン・プロアントシアニジン・カテキン**を含み、ガン・心臓病・脳卒中などの生活習慣病の予防にも期待できます。

一口メモ

1．主な品種の続き

　先ほどご紹介したほかにも、リンゴには様々な品種があります。

つがる	青森県が「ゴールデン・デリシャス」の実生から選抜し、昭和50年に登録。熟期は 9 月中〜下旬。淡紅縞に着色し、果実重は300g 前後で、糖度は13% 程度。

	やや酸味が低く、早生のリンゴとしては美味しい方です。ただ、あまり日持ち性はありません。
その他の優良品種	
①王林	福島県の大槻只之助の育成で、果皮は黄緑、糖度高く、甘酸適和の晩生種。
②ジョナゴールド	米国育成で、果皮は紅色、糖度高く、適度の酸味があります。
③シナノスイート	長野県の育成で果皮は紅色。糖度高く、酸味は少ない良品。日持ち性はあまりありません。

2. リンゴは温暖な地方では栽培できない？

　果樹、特にリンゴなどの落葉果樹の芽は休眠しないと発芽しないことがあります。休眠するためには、一定の期間、低温にさらされる必要があります。冬期が温暖な地域でリンゴなどの落葉果樹が栽培できないのは、休眠に必要な低温条件が満たされないためです。

3. 青リンゴは赤くならないの？

　リンゴの赤い色素はアントシアニンです。そしていわゆる［青リンゴ］＝青系品種はアントシアニンが生成されにくく、果皮に葉緑素が残るため、緑〜黄色い果実になります。

　アントシアニンの生成には光が必要で、光の刺激によりアントシアニンの生成に関わる遺伝子や酵素が活性化します。よくお祝い用や贈答用に［寿］や［祝］の文字が入ったリンゴがありますね。あれらは、文字の形のシールを貼って日光を遮ることで、そこだけ赤

くならずに文字が浮かび上がるのです。

　さて、青系品種ですが、光の刺激があっても着色しない理由は不明です。しかし、青系品種でも鳥につつかれて傷がつくとその部分が赤く色付くことから、青系品種にもアントシアニンの生成能力は潜在的に存在すると考えられています。アントシアンには、糖と結合したアントシアニンと、結合しないアントシアニジンがあります。

4.　リンゴの［みつ］は甘いの？

　リンゴの甘味はどうやって生まれるのでしょうか。光合成によってソルビトールという物質が生まれます。ソルビトールは果実に転流し、果実の細胞内で果糖、ブドウ糖、ショ糖などの糖に変わります。完熟期には既に細胞内が糖で飽和状態になっているため、転流してきたソルビトールは細胞の中に入れず、細胞と細胞の間のすきま（細胞間隙）に蓄積され、いうなれば果肉が［水びたし］状になります。これを私たちは俗に［みつ］と呼んでいます。

　リンゴを切ったときに［みつ］があると“みつ入りだから甘いぞ！”と期待しますよね。ですが、そのみつ部分だけをかじってみたことがあるでしょうか。実は［みつ］の部分は、甘味の弱いソルビトール（ショ糖の甘さを1とすると、ソルビトールは0.6）が充満しているため、あまり甘くはありません。しかし、その時のリンゴは、果肉の細胞内に糖が飽和していて、最も甘い状態。だからみつ入りリンゴ＝甘い、とされるのです。

5.　ニュートンが食べたリンゴはどんな味だった？

　東京大学の小石川植物園などに、ニュートンの家に植えられていたのと同じリンゴの木があります。この品種は「フラワー・オブ・

ケント」といい、収穫前に落果が多いことで知られています。果実は重さ120g程度と小さく、形は円〜長円形。果皮は暗赤色で縞があります。甘味は少なく酸味が強く、果肉が軟らかくてボケやすく、現在なら誰も食べない、お世辞にもおいしいとは言えないしろものです。

余談ですが、この品種が落果しにくければ、ニュートンの［万有引力の法則］の発見は遅れていたかも知れませんね。

6. 英語では喉仏のことを Adam's apple と言う？

神が造った人間の先祖であるアダム（男）とイブ（女）は、エデン（ヘブライ語で歓喜の意）の園という楽園で暮らしていました。神から“食べてはいけない”と言われていた［禁断の木の実］を、ヘビにそそのかされたイブが食べてしまいます。アダムもイブに勧められて食べようとかじったのですが、その時神様から声をかけられ、あわてて飲み込もうとして喉にひっかかり、喉仏になった、という逸話があります。神は禁を破ったふたりにたいそう怒り、アダムとイブは楽園から追放されてしまった、というのは有名な話です。このエピソードから、英語で喉仏のことを Adam's apple と言います。

ただ、本当に［禁断の木の実］がリンゴであったかどうか。それは実は、明らかにされていません。

7. イギリス人の子供をほめるのに、リンゴのようなホッペ、と言ってはいけない？

わが国のリンゴの大半は赤色です。ところで、子供の可愛らしさを表現するのに、真っ赤に色付いたリンゴを想像して“（健康的な）リンゴのようなホッペ”と言うことがあります。しかし、悪気なく

発するこの言葉をイギリスで使うと、怒られることがあるので注意が必要です。

　というのも、イギリスのリンゴには青系品種が多く、青白い顔色の不健康そうな子供を想像するからです。

8. ギリシャ神話のトロヤ戦争（BC1250年頃）の原因になったのは、リンゴなのか？

　神々の宴の席に招かれないことを不満に思った争いの女神エリスが［最も美しい人へ］と記した黄金のリンゴを、宴席に投げ込んだことがもとで、三女神による［黄金のリンゴ争奪戦］が始まってしまいます。もともと、そのリンゴを持っていたトロヤの王子パリスは、三女神の一人・アフロディテ（美と愛の神、ローマ神話ではヴィーナスのこと）から"リンゴを私にくれれば、世界中で最も美しいスパルタの王妃、ヘレナをあなたにあげよう"とそそのかされ、黄金のリンゴをアフロディテに与えました。そして、パリスは自分の妻を見捨て、スパルタ王メネラオスの留守中に、妃のヘレナを奪いました。怒ったスパルタ王は、ヘレナを奪い返すためにギリシャ連合軍の援助を受けてトロヤを10年間も包囲して滅ぼしてしまったのです。悲惨な話ですが、これは伝説と実話が入り混ざった戦争です。

9. リンゴの裏話……「祝」の導入経路

　米国原産の「祝」という品種があります。現在ではあまり栽培されていませんが、以前は早生の主要品種でした。「祝」の導入経緯については不明な点が多く、一応、明治4年（5年とも）に米国から導入した75品種の一つとされています。しかし、開拓使の75品種

の導入リストを見ると、11号の欄（祝の欄とされる）は不明となっています。その理由として、「祝」の英名は American Summer Pearmain と言い、明治時代初頭の英語に慣れない日本人が、リストを作成する際に、英名が長過ぎるために「不明」としたのではないかと推測する人もいます。

　しかし「祝」についての情報はそれっきり、なのです。わが国で誰が導入したのかも分かっていません。「祝」の導入の真実は？　いつか明らかにされる日がくるのでしょうか。

日本ナシ（和梨）

1. 樹種の来歴

　日本ナシは、バラ科ナシ属の落葉樹です。日本ナシの起源については不明な点が多く、現在までの有力な説は、中国の長江沿岸一帯を中心とした広東省、朝鮮半島の南端、日本の中部以南に原生しているニホンヤマナシ（果径2cm程度）を基本種として、日本で改良した、というものです。

　ナシの名の由来は、

- ・果肉が白いことを意味する［中白（なかしろ）］から来たとする説
- ・芯に近い部分の果肉が酸っぱいため［中酢し（なかすし）］から転じたとする説

があります。

　ナシの栽培は千葉県、茨城県、福島県が多く、栽培には4〜10月の平均気温が13℃以上の地域が良いでしょう。

　「二十世紀」の花は、鳥取県の県花です。

2．主な品種

　明治時代中期以降、「長十郎」、「二十世紀」が偶発実生として発見され、そののち、長期間にわたってわが国の二大品種として、ナシ産業を支えてきました。大正４年に神奈川県農事試験場の菊池秋雄（後の京都大学教授）が交雑育種を行い、昭和２年に「八雲」、「菊水」、「新高」を育成。ナシ産業の礎を築きました。日本ナシの主要品種は、

幸水	現・果樹研究所が「菊水」に「早蔵」を交配し、昭和34年に命名登録。 ８月中旬〜９月上旬に熟す赤ナシです。果実重は300g程度で、甘く、多汁で肉質は緻密で極めて美味です。
豊水	現・果樹研究所が「リ－14」（菊水×八雲）に「八雲」を交配し、昭和47年に命名・登録。 ９月上〜下旬に熟す赤ナシです。果実重は300〜400gで、甘く、やや酸味もあり、多汁で肉質は緻密で味は極上です。

3．選び方

　果皮に張りがあり、軸が新鮮でずっしりと重く、硬く、果形が扁平な果実が良品です。「二十世紀」では、上記に加え、わずかに黄色みを帯び、日光に透かしてみると果皮が透明に感じられる果実を選びましょう。

4. 機能性成分

　日本ナシの果実が多量に含む**ソルビトール**は、吸水作用があるため便を軟化させてくれるので、便秘気味の人にはよい食べ物です。また、便の pH を下げ蠕動運動を活発にし、さらに、ナシ特有の歯ごたえを形成している石細胞も腸を刺激して蠕動運動を助けるため、便通を良くする効果があります。

　また、ソルビトールは虫歯の予防にも役立ちます。**リグニン**などの不溶性食物繊維も多く、便性状の改善に効果があります。**カリウム**を多く含むため、高血圧の予防にもなり、**銅**も非常に多く含んでいます。

　昔から日本ナシは、慢性の咳・痰・ぜん息を鎮める民間療法としても用いられてきました。

一口メモ

1. 日本ナシはいつ頃から栽培されているの？

　弥生時代の登呂遺跡から日本ナシ（改良前のニホンヤマナシ）の炭化種子が出土しているので、栽培の歴史は相当古いことが分かります。『日本書紀』（720年）には、持統天皇の代にナシの栽培を奨励した、ともあります。平安時代初期には、信濃（長野県）や甲斐（山梨県）からナシが朝廷に献上されたという記載があります。しかし、江戸時代になるまでは品種の概念が薄く、庭先散在果樹（系統立てて栽培されたというより、その辺の庭先に散在していた果樹）の状態であったようです。

　江戸時代中期になると、果樹園として栽培され始めます。現在の新潟県、群馬県、千葉県、神奈川県、京都府、石川県などに産地が形成されました。19世紀前半頃には、150以上もの品種が存在したとされています。

2. 主な品種の続き

あきづき	果樹研究所が、「新高」に「幸水」を交配し、平成13年に品種登録。「豊水」と「新高」の中間に熟す赤ナシ。果実重は510g前後と大きく、非常に美味しいです。
王秋（おうしゅう）	果樹研究所が「C2」（慈梨×二十世紀）に「新雪」を交配し、平成15年に品種登録。10月末に熟す赤ナシ。果実重は650gと大きく、大型のナシでは「あきづき」と同様に最も美味です。

その他、多汁で肉質が緻密な青ナシの「二十世紀」、果樹研究所育成の青ナシ「秋麗」や赤ナシ「あきあかり」、菊池秋雄の育成で400〜500gと大きい赤ナシ「新高」、長野県の育成で貯蔵性のよい赤ナシ「南水」、栃木県の育成で850gと大果の赤ナシ「にっこり」などがあります。

3. 日本ナシで、棚栽培をするのは、なぜ？

棚栽培とはワイヤーを横に張り、枝をワイヤーにはわせて育てる栽培のこと。日本ナシの収穫期は台風の来襲時期と重なるため、枝を棚に固定して強風による果実の落下を防ぐために、棚栽培が普及しました。

4．赤ナシと青ナシの違いはどこにあるの？

　日本ナシの果実の表面には、気孔が分布しています。気孔は果実が肥大するに伴って裂け、小さな傷となります。この傷を保護するためにコルク細胞が作られます。これを果点と言います。ナシの表面の、ザラザラとしたつぶをご存知でしょう。それがコルク細胞です。

　日本ナシには、果皮の果点間コルク層がよく発達して褐色を呈する赤ナシと、その発達が見られない青ナシがあります。前者には「豊水」、「王秋」、「あきあかり」、「長十郎」、「新高」などが、後者には「二十世紀」、「秋麗」、菊池秋雄育成の「八雲」・「菊水」などがあります。「幸水」はその中間とされています。

　ちなみにこのザラザラのコルク細胞は、果実が熟するにしたがって目立たなくなります。つまり、同じ品種なら、ザラつきの少ない方がよく熟している、ということです。

5．「豊水」の親は誰？

　よりおいしい品種を生み出すために、様々な交配が試みられて新品種が生まれるものです。が、「豊水」という品種の親には疑いがもたれています。

　「豊水」は「リ－14」（菊水×八雲）に「八雲」を交配して育成されとされていますが、この交配組合せに疑問がある、と以前から指摘されているのです。平成15年に果皮色、自家不和合性遺伝子、DNAなどの調査から、母親（種子親）は「幸水」、父親（花粉親）は「イ－33」（石井早生×二十世紀）である可能性が限りなく高いことが判明しました。

6. 「二十世紀」はごみ捨て場付近で発見されたって、本当？

　明治21年頃のこと。現・千葉県松戸市の石井佐平宅のごみ捨て場付近で、二十世紀は発見されたとされています。当初、「新太白」の名で販売を始めましたが、明治31年に東京帝国大学の池田伴親らが、"二十世紀に王者となる果物"という夢を託して、「二十世紀」と命名しました。

　現在の主産県である鳥取県へは、明治37年に北脇永治により導入されました。鳥取県の"木の実神社"（二十世紀神社とも）では、「二十世紀」の原木の一部を御神体として祭り、「二十世紀」の栽培農家の守り本尊としています。

7. サンド・ペア（砂梨）とは、どんなナシ？

　日本ナシのことです。日本ナシの果肉には石細胞があって、歯ざわりがシャリシャリするため、サンド・ペアと呼ばれています。一方で西洋ナシの食感はネットリしているため、バター・ペアと呼ばれています。

8. 江戸時代の人々が食べていた日本ナシの味は？

　江戸時代の人々にとって、日本ナシはかなりのご馳走であったことが、当時のナシの名前から想像することができます。

　甘くて頬が落ちそうになり、思わず頬を叩いたところから付いた「頬叩」。美味しくて巾着（財布のこと）の有り金を全部叩いて買ったことに由来する「巾着」（別名、巾着叩）。美味しいと言われているナシは［どいつだ？］と言ったことから付いた「独逸」という品種もあります。

　しかし、明治時代になって「長十郎」が出てくると、これらの品

112

種は味の点で「長十郎」に劣ることから、すたれてしまいました。今の私達にとっては、その「長十郎」でさえも美味しい品種とは言えません。より美味しく、と重ねられる品種改良を思えば、江戸時代のナシの味も想像が付くと思います。

9．歌舞伎界のことをなぜ、梨園と呼ぶ？

　唐の玄宗皇帝（在位712〜756年）が、ナシを植えた庭園（梨園）で自ら音楽を教えたとも、役者に芝居を教えたともいう故事によります。

10．ナシ果実のことを［有りのみ］と呼ぶ？

　わが国ではナシは［無し］に通じることから縁起の悪い言葉とされ、ナシのことを［有りのみ］と呼ぶことが、平安時代の女房（高位の女官）言葉に出てきます。今でも料亭の女将さんの中には、ナシのことを［有りのみ］と呼ぶ人もいます。一方、屋敷の鬼門の方向にナシの樹を植えて［鬼門無し］と縁起を担ぐ話もあります。

11．日本ナシには色々と珍名がある？

　樹上から大きな果実がドサッと落ちると、下にいた動物が死んでしまうことから付いた「犬殺」や「猫殺」、「婆婆殺」、熊本県の天然記念物に指定されている「婆婆ウッチャギナシ」という品種もあります。ウッチャギとは方言で［つぶす］という意味ですので、木の下にいるばあさまをつぶすナシ、という意味になりますね。今の時代ではちょっと考えられない、ブラックなセンスが感じられるネーミングです。

西洋ナシ（洋梨）

1. 樹種の来歴

　西洋ナシはバラ科ナシ属の落葉樹で、ヨーロッパ中・南部からカフカス、小アジア（地中海と黒海に挟まれた西アジアの半島地域）からイラン北部にかけて原生分布するナシを基本種とし、ヨーロッパ南部、アルプスに分布する他種との交雑によりできた品種群です。

　西洋ナシは、明治5年に開拓使が米国、フランスから導入し、明治10年頃に各地域に苗木を配布しました。しかし当初は、気象条件などに対する対応性の知識や、果樹の結果習性の知識などに乏しかったため、多くは枯れてしまいました。また追熟（収穫した果物をさらに甘くするため、熟成するまで時間を置くこと）の必要性を知らなかったこともあり、おいしくないとされ、普及するには至りませんでした。

　栽培者の手で西洋ナシの植え付けが始められたのは、明治20年頃からです。必ずしも順調な生育を示しませんでしたが、明治40年頃になってようやく、気象条件、品種の選択、整枝・剪定などの知識の習得、追熟の必要性が普及した、などにより、少しずつ栽培は広まっていきました。

　西洋ナシは夏期に雨の少ない地域が適しているため、現在では山形県での栽培が圧倒的に多く、次いで青森県、長野県、新潟県となっています。

2. 主な品種

| ラ・フランス | フランス原産で、わが国には明治36年に導入されたとされていますが、導入経路 |

| | は不明。
中生種で、果実重は200g前後。やや小玉で果面はサビの発生が多く、外観はよくありません。しかし、糖度は高く、果汁が多く、肉質は緻密で芳香もあり、味は極めて優れています。 |
| ル・レクチエ | フランス原産で、わが国には明治36〜41年に新潟県の小池左右吉によって導入。晩生種で、果実重は280g程度。果肉は白く、果汁が多く甘味も強い。芳香に優れ、品質は極上です。 |

　西洋ナシが日本ナシ、中国ナシと大きく異なる点は、樹上では可食状態とならず、収穫後、追熟させて初めて可能となることです。

3. 選び方と食べ頃

　無傷でみずみずしく、ずっしりと重い果実を選びましょう。尻に弾力性のある果実が良品です。なお、室温（15〜20℃）で追熟させてから食べてください。食べ頃の見極めは、全体的に黄色かかってきて、さわって柔らかめになった頃。そうなったら、あとは食べるまで冷蔵して冷やすとさらにおいしくいただけます。

4. 機能性成分

　日本ナシ同様、水溶性食物繊維の**ソルビトール**を多く含みます。**銅**が多いのも同じですが、銅はコラーゲン形成機能を強化し、骨折予防に役立ってくれます。夏バテなどの疲労回復に役立つ**アスパラ**

ギン酸（アミノ酸の一種）も含まれており、肉料理による胃のもたれの予防に効果的な**タンパク質分解酵素**も含んでいます。

一口メモ

1. 主な品種の続き

バートレット	イギリス原産の早生種で、香りも良く甘酸適和（甘味と酸味のバランスがよいこと）。 生育中、梅雨明けに落葉が多いと品質が極端に低下するという特徴があります。
オーロラ	米国育成の早生品種で、肉質は緻密で果汁多く、甘味、香気が強く、品質優良。
ゼネラル・レクラーク	フランス原産の中生種で、肉質はきめ細かく、多汁、甘酸適和で品質は極上。
マルゲリット・マリーラ	フランス原産の早生種で、肉質は比較的良好で、果汁が多く砂糖のような甘さがあり、酸味も比較的強め。少しジャコウの香りがあり、品質優良。

その他、山形県育成の晩生品種「シルバーベル」などもあります。

2. 西洋ナシが樹上で熟さないのは、なぜ？

　西洋ナシの果実の成熟は、エチレンに支配されています。エチレンは果物が熟すのを促進する働きがあるものですが、果実が着果している時（木になった状態）はエチレンの発生を阻害する物質が樹から果実へ流れ込んでいると推測されており、収穫して初めてエチ

レンが発生し、成熟が始まります。

3. 西洋ナシの主な逸話の紹介

　西洋ナシにまつわる話は色々ありますが、主なものを紹介しましょう。どれにも共通しているのは、女の子の将来の結婚や出産にまつわる話題が多いということです。

1. ヨーロッパでは、大晦日やクリスマスの日に少女がナシの樹をゆすると、犬のほえる方向から将来の結婚相手がやって来る、という話があります。

2. クリスマスの日、あるいは聖トマスの日（イエス十二使徒の一人であるトマスが死んだ日）の前日（12月20日）に、杖かワラ束を西洋ナシの木に投げ上げ、3度目にひっかかると恋愛が成就して、結婚の運びになると伝えられています。

3. ドイツでは女の子が生まれると、ナシの樹を植える習俗があります。豊穣、安産への願いが込められているようです。

4. "ダメな豚はしばしば最上のナシを得る" という意味は？

　これはヨーロッパの諺（ことわざ）です。西洋ナシは腐る直前（追熟した柔らかい状態）が一番美味しい、という意味ですが、これを日本の諺にあてはめるなら "残り物には福がある" でしょうか。

5. 中国ナシの導入について

　日本ナシ、西洋ナシがあるように、中国ナシというのもあります。中国ナシは明治初年に内務省勧業寮が「鴨梨」を、大正元年に農商務省農事試験場園芸部（果樹研究所）が「慈梨」を、中国から導入しています。両品種とも開花期が早く、晩霜害※を受けやすいなど

の特徴から、わが国ではほとんど経済栽培されていません。

※晩霜害と初霜害：凍霜害の一種に、開花頃に起こる晩霜害があります。
　一方、秋から冬にかけて耐凍性が不十分な時期に起こる霜害を、初霜害
　と言います。

（モモ）（桃）

1. 樹種の来歴

　モモは、バラ科サクラ属の落葉樹です。原産地は中国の黄河上流
の陝西省と甘粛省にまたがる高原地帯とされています。中国からわ
が国へのモモの伝来時期は、弥生時代の遺跡からモモの核が出土し
ていることから、弥生時代初期、あるいはそれ以前と推定されてい
ます。当時のモモは60g程度で甘味は少なく、あまり普及しません
でした。

　モモの名は、果実が赤いところから［燃実（もえみ)]、あるいは
果実がたくさんなることから［百（もも)］に由来する、とも言わ
れています。

　栽培は山梨県、福島県、長野県が多く、栽培には4～10月の平均
気温が15℃以上、降水量は1300mm以下の地域が良いでしょう。

　モモの花は、岡山県の県花です。

2. 主な品種

あかつき	現・果樹研究所が「白桃」に「白鳳」を交配し、昭和54年に命名登録。熟期は8月上～中旬で、果実重は250～300g、果皮は濃厚な鮮紅色で、果肉は白色です。糖度は12～14％と甘味が強く、

多汁で肉質は緻密でしまっており、味は極めて美味です。

無袋栽培ができます。

3. 選び方と保存方法

形は縦と横の釣り合いが良く、全体がふっくらと丸みを帯び、果面がまんべんなく色付き、その色が鮮やかな赤色をしている果実（白桃を除く）が美味しいでしょう。なお、うぶ毛が全体に生えている果実は新鮮な証拠です。

硬いモモは室温で少し柔らかくし、香りがしてきたら、乾燥しないようにポリエチレン袋に入れて冷蔵してください。

4. 機能性成分

果実は、抗酸化作用、動脈硬化・ガンの予防、心臓病のリスク低減などに効果のある**ビタミンE**を豊富に含みます。また、豊富な**水溶性食物繊維**はコレステロールを吸着・排泄し、血中コレステロールを下げ、動脈硬化を予防し、腸内細菌叢（腸内フローラ）を改善して便秘解消にも役立つうれしい効果ばかり。ほかにも、水溶性ビタミンの一種・**ナイアシン**を多く含みますが、これはアセトアルデヒドを分解してくれるので二日酔い対策にもなりますし、補酵素としてエネルギー産生を促進する働きもあります。

果皮には、**アントシアニン**を含みます。モモの葉を風呂に入れると、あせも、湿疹に効果があると伝えられています。

一口メモ

1. 現在のモモは、いつ頃導入されたの？

　現在のモモは明治時代以前の中国から渡来しました。小果（60g程度）で甘味は少なく、残念ながらあまり普及しませんでしたが、明治時代以降に中国から「上海水蜜桃」、「天津水蜜桃」、「蟠桃」などが、欧米から黄肉種、ネクタリンなどの多数の品種が導入され、これを基にして国や県の研究機関、民間で育種を始め、今日の品種群が出来上がりました。

2. 主な品種の続き

白鳳	神奈川県が「白桃」に「橘早生」を交配し、昭和8年に命名。 熟期は7月中〜下旬で、果実重は250〜300g、果皮は乳白色が鮮紅色に着色して美しく、果肉は白色、甘味が強く多汁で、肉質は緻密で味は優れています。
なつおとめ	果樹研究所が「あかつき」に「よしひめ」を交配し、平成14年に品種登録。 熟期は「あかつき」より1週間程度遅く、「あかつき」より少し大果。糖度は14%前後と高く、味は極めて良好です。
もちづき	缶詰用として、果樹研究所が育成し平成12年に品種登録。 缶詰用の主力品種「大久保」とは異なり、無袋栽培しても果肉に紅色が入らず、白肉の缶詰用の高品質品種です。

その他の優良品種として、長野県の池田正元が発見した「川中島白桃」、山梨県の田草川俊彦が育成した「日川白鳳」などがあります。

3. "桃・栗3年、柿8年"て、何のこと？

種子を播種して（まいて）、開花・結実するまでに要する年数のことです。その年数は、カンキツで7〜10年以上、リンゴ7〜8年、日本ナシ6〜8年です。先人は大げさに、ナシの馬鹿野郎16年、ユズの大馬鹿野郎30年とも言い伝えています。

4. モモとネクタリンとはどこが違う？

ネクタリンは、6〜7世紀頃、トルキスタンで生じた有毛モモの変種です。現在は有毛モモをモモと言い、無毛モモをネクタリンとして区別していますが、植物学的には同じものです。有毛モモとネクタリンを交配するとF_1（子供）は有毛モモとなり、F_2（孫）は有毛モモとネクタリンが出現します。即ち、有毛は優性、無毛は劣性に遺伝する、ということです。

5.「白桃」も桃色の色がつくの？

「白桃」に日光を当てると、果皮の表皮細胞にはアントシアニンが蓄積して桃色を呈します。岡山県の「清水白桃」や「白桃」のように、いわゆる白桃として販売する場合には、着色防止のために収穫時まで除袋しない（袋を外さない）栽培を行います。

6. 孫悟空が盗んで食べた時のモモが市販されている、本当？

『西遊記』に、孫悟空が天宮の玉帝に命じられて蟠桃園の管理をしている際、「蟠桃（ばんとう）」を盗んで食べて天空から追放された、という

話が記されています。「蟠桃」を食べた孫悟空は、超能力を身に付けることができたとされています。

　「蟠桃」は扁平形のモモで、時々わが国でも販売されていますが、結構おいしいです。もし見かけたら、ぜひ食べてみてください。

7. 中国ではモモを神秘的、霊力のある果物と考えられている。それはなぜ？

　古代の中国では、モモは妊娠初期の"つわり"を癒す特効を持つ果物、と信じられていて、モモは神秘的で霊力のあるものと考えていたようです。［桃］という字の［兆］は"きざし＝予兆"を表します。つまり、［桃］とは母となる妊娠の兆しを示した時に、"つわり"を癒す実をつける［木］、という意味になります。

　なお、モモは生長が速く、結果樹齢（桃・栗3年、柿8年のこと）に達するのも早く、かつ多くの果実を着ける旺盛な生命力、神秘性、魔よけの力があるもの、という考え方に結び付いていったと思われます。わが国でも、桃太郎の民話、モモの節句なども、モモの神秘の力への信仰が深く関わっています。

　陶淵明（365〜427年）の『桃花源記』に、モモの咲き乱れる林の奥の洞穴をくぐって行くと、秦の戦乱を避けた人々が住む別天地（桃源郷）があったという話があります。こちらもモモが異世界との通路になっています。モモに象徴される神秘的な思想を反映したものでしょう。

8. 東洋を代表する果樹はモモなの？

　中国では、桜桃、扁桃（アーモンド）、胡桃のように桃の字を付けた果樹が多く、リンゴが西洋を代表する果樹なら、モモは東洋を

代表する果樹とされています。わが国でも、古い時代におけるモモは［木になる実］全体を意味しており、古文書にあるモモの全てが、現在でいうモモであったかどうかは疑問とされています。

9. モモに神名があるのは、本当？

『古事記』に、イザナギノ命が黄泉国（死者が行く地下の暗黒の世界）から逃げ帰る時、黄泉国の軍勢に追われる場面があります。イザナギノ命はいよいよ現世と黄泉国との境にやってきた時、そこに生えていたモモの実を3個投げて軍勢を追い払いました。イザナギはそのモモの実に"私を助けてくれたように、現世の人々が苦しんでいる時は助けてやってくれ"と仰せられて、モモに［オホカムヅミノ命］という神名を与えたという話があります。これは、モモに魔よけの力があるという信仰に基づくものです。

10. 他にもいろいろある、モモの逸話や諺

桃太郎

言わずと知れた、日本の昔話の代表作ですね。桃太郎の話は室町時代に始まり、江戸時代に完成しました。この話は、お婆さんが川上から流れてきたモモを拾い、割ってみるとそこから赤子が生まれ、桃太郎と名づけたという前半の部分と、猿、犬、雉が桃太郎を助けて鬼退治をしたという後半の話からできています。［モモから子どもが誕生した（現れた）］については、モモを食べた夫婦が若返って子どもを持ったとする逸話が、江戸時代にもありました。一方で、動物が英雄を助けるという話は中国などにもあります。色々な話が合わさって、桃太郎の話が出来上がったものと思われます。この話には、モモが持つ神秘的、霊力が大きく影響しています。

桃の節句

わが国の桃の節句では、ひな人形やモモの花を飾って、女児の健やかな成長を願います。この節句は、モモの花には厄除けの力がある、と信じられていることに由来します。また、モモは長寿、多幸をもたらすという伝承から、昔は女性がお嫁入りする時に、モモの種子を持参する風習がありました。これにより、モモが全国に広まったとも言われています。

寿老人

七福神の一人で中国の宋時代の1090年頃の人です。長命の神で、頭が長い老人の姿で右手に杖を携え、杖の頭に巻き物を付け、左手にモモを持ち、鹿を連れています。左手にモモを持っているのは、モモが長寿、多寿をもたらす象徴とされているからです。

モモにまつわる諺

・桃李ものいわざれども、下おのずから道をなす

司馬遷（BC145頃〜BC86年頃）の『史記』にある言葉で、モモやスモモは口をきかなくても、美しい花や実を着けるので、自然に樹の下を人が通るようになり、道ができる。転じて、徳のある人は何も言わなくても、人が集まってくるという意味です。

・一桃腐りて百桃損ず

モモは1個腐ると、次から次へと腐り、すぐに全部が腐ってしまいます。つまり、悪いことは、すぐに周りに影響することのたとえです。ちなみに、現実に腐りかけたモモは老化を促進させるエチレンを発生し、他の果物も腐らせてしまいます。腐りかけたモモがあったら、他の果物からは離すようにしましょう。

・日陰のモモの木

　日陰のモモの木には、実が多くならないことから、役に立たない
ことのたとえです。

・モモを送り、スモモを返す

　親密な交際を意味する言葉です。

スモモ・アンズ （李・杏）

1. 樹種の来歴

　スモモもアンズも、バラ科サクラ属の落葉樹です。スモモで最も
価値の高い果樹は、日本スモモ、ヨーロッパスモモです。日本スモ
モの原産地は、中国の長江沿岸地帯で、耐寒性が強く、夏の高温乾
燥な気候にも耐えるため、北海道から九州までの地域に栽培されて
おり、主産地は山梨県です。中国原産のスモモを日本スモモという
理由は、後述します。ヨーロッパスモモ（ドメスチカスモモ）の原
産地は、ヨーロッパ東部からアジア西部とされており、夏期に雨の
比較的少ない地域が適地です。

　スモモという名は、“酸っぱい桃”から［酸桃］、あるいは果皮に
細毛がないため［素桃］にちなむ、と言われています。

　アンズの原産地は、中国の山東省、山西省、河北省の山岳地帯か
ら中国東北地方の南部とする説が有力です。アンズは、開花期及び
成熟期に雨量の少ない比較的乾燥する地域が適し、長野県が主産地
です。

　アンズという名称は、漢名の［杏子］の唐音（アンス）から、ま
たは、［甘酢梅（あまずうめ）］が変化してアンズになったとされて
います。

125

2．主な品種

| スモモの品種 | 「貴陽」は山梨県の高石高雄が育成し、平成 8 年に品種登録。
果実重は200g 程度、果皮は紅色。果汁と甘味が多く、酸味は少なめ。スモモの中でこれに優る品種はありません。 |

その他、「大石早生スモモ」、「ソルダム」、「太陽」などがあります。

| アンズの品種 | 「新潟大実」、「平和」、「甚四郎」などが栽培されています。なおアンズは酸味が強く、果実は一般に生食としての需要は少なく、ジャムやドライフルーツなどの加工にまわされます。 |

3．選び方

　スモモは果面に白い粉（果粉）がつき、重みと果皮にハリがあり、全体に丸い果実が良質果です。一方、アンズの良質果は、果皮にハリがあり、深いオレンジ色の硬い果実です。

4．機能性成分

　スモモには心臓病・動脈硬化の予防に効果がある**葉酸**、抗酸化作用のある**ビタミン E・カテキン**、便秘の改善効果のある**ソルビトール**を、アンズには、**ビタミン E**、**β - カロテン**、**鉄**、**マンガン**を多く含み、コレステロールの低下作用・高脂血症の予防効果のある**水溶性食物繊維**を含んでいます。

一口メモ

1. わが国へスモモ、アンズが導入されたのはいつ頃？

　日本スモモは、奈良時代以前に中国から渡来し、食用、医薬として利用されています。江戸時代に少し栽培も普及しましたが、果実が酸っぱいため、食用としての利用価値は少なく、あまり顧みられませんでした。

　アンズのわが国への渡来時期は不明ですが、奈良・平安時代に中国より薬用として伝わっています。当時は、もっぱら観賞用、あるいは杏仁（アンズの種）が薬用として用いられていました。果肉を利用するために栽培されるようになったのは比較的新しく、江戸時代に入ってからのようです。それでも大半は、薬用としての杏仁の生産に向けられていました。

2. プラムとスモモ、プルーンとスモモ、どう違う？

　スモモの英名が、プラム（Plum）です。果物屋は、スモモよりプラムという呼称を好むようです。スモモは酸っぱいイメージが強く、プラムは舶来のようなイメージで高級感があるからでしょうか。

　わが国では、プルーンとスモモとは異なる種類のように思っている人が多いようですが、実はプルーンもスモモの一種です。プルーンとは、スモモのうち甘味が強く、果汁が少なく乾燥果（ドライフルーツ）として利用する品種群（ドメスチカスモモのうち、乾燥果に適する品種群）を指します。日本スモモは、甘味や果汁の量などの点で乾燥果には向きません。なお、わが国では、乾燥果に向く品種でも、乾燥果としてではなく、生食を主目的として栽培しています。

3. 中国原産のスモモを日本スモモというのはなぜ？

　確かに原産地は中国です。しかし、明治3年にまずスモモの「甲州 大巴旦杏」が、その後も多数のスモモが日本から米国に渡ったことから、日本スモモと呼ばれるようになりました。なお、中国では日本スモモを、中国李と呼んでいます。もともと中国原産ですから、当然でしょうね。

4. ヨーロッパには、スモモを使った恐ろしい占いがある？

　スモモの種子を火にくべて、恋人の名前をとなえながら"私を愛していたらハゼなさい。もしハゼなければ、種子が焼けるようにあなたも死になさい"と祈る占いがあるのだとか。想像するだけでも怖い占いではありませんか。

5. ギネスブックにスモモの「貴陽」が掲載されている？

　スモモの多くは果実重60〜120gですが、「貴陽」の果実重は平均的なものでも200g前後。大きいものなら300gを超えます。"世界で最も大きいスモモ"として、平成24年にギネス世界記録として認定されました。

6. 中国で医者の美称として「杏林」という言葉があります。その理由は？

　中国の呉（222〜280年）に董奉という名医がいました。病気を治しても報酬を受け取らず、治った人には記念としてアンズを植えるように頼んだ結果、数年後には立派な林になった、という故事から来たものです。古来、アンズが医薬として高い評価を受けていたことを示すものです。

7. 杏仁豆腐の本当の原料は、なに？

　元来、杏仁豆腐とは、中国アンズで仁（種子から種皮を取り去った中身）が甘い「南杏(なんしん)」などの仁をすりつぶし→水でのばして→こして乳液状にし→寒天液を加えて固めたもの、ですが、日本では実際には杏仁霜(あんにんそう)（杏仁の粉・アーモンドの粉で作った調合粉末の商品名）を牛乳で溶いて作ることが多く、本物のアンズの種から作ることはめったにありません。日本で栽培されている多くの品種の仁は、薬として使うことはできるものの、味は苦いので杏仁豆腐には向きません。なお、中国で［腐］は［固める］という意味です。

オウトウ（サクランボ、桜桃）

1. 樹種の来歴

　オウトウは、バラ科サクラ属サクラ亜属とウワミズザクラ亜属に属する果樹の総称です。果樹として有用なものは、サクラ亜属に属する甘果オウトウ、酸果オウトウ、中国オウトウです。甘果オウトウはイラン北部からヨーロッパ西部が、酸果オウトウは黒海からトルコのイスタンブールにかけての小アジアが原産地とされています。中国オウトウの原産地は、その名の通り、中国です。なお、酸果オウトウは、前史時代に甘果オウトウの偶発実生から生じたと、スイスの植物学者、ド・カンドル（1806〜1893年）は報じています。

　わが国で栽培されているオウトウは甘果オウトウで、明治4年に開拓使が米国より25品種（この中に「ナポレオン」や「高砂」がある）を導入したのに始まります。一般に栽培が普及するきっかけとなったのは、内務省勧業寮が明治7〜8年にフランス、米国から主要品種を導入し、増殖して苗木を東北、北海道を中心に配布したこ

129

とによります。

　わが国での甘果オウトウの栽培適域は非常に限られており、山形県が特に多く、栽培には、4～10月の平均気温が14℃以上、21℃以下で、開花期に晩霜害がなく、夏期が比較的冷涼で、成熟期に雨の少ない地域です。経済栽培の北限は札幌付近、南限は長野県、山梨県あたりとされています。

　オウトウは、山形県の県木です。

2. 主な品種

佐藤錦	山形県の佐藤栄助が「ナポレオン」に「黄玉」を交配し、昭和3年に命名。 熟期は6月中旬頃で、果実重は6～7g程度です。果皮は黄色の地が鮮紅に着色し、糖度は16～20％で酸味はやや少なく、味は極上です。
紅秀峰	山形県が「佐藤錦」に「天香錦」を交配し、平成3年に品種登録。 熟期は6月下旬～7月上旬です。果実重は9g程度と大きく、果皮は鮮紅色、糖度は約20％と高く、酸味は少なく、現在、これに優る品種はないとさえ言われています。

3. 選び方と保存方法

　まず軸が青々とし、果皮にハリがあり、色が鮮やかで光沢のある果実を選びましょう。ふっくらと丸いものは、美味しい傾向があり

ます。軸が黒ずみ、果面に褐色の斑点が付いた果実は、古くなった証拠です。果実は低温や水分を嫌うので、水洗いはせずにポリエチレン容器に密閉して冷蔵庫に入れ、食べる前にサッと水洗いをしてください。

4. 機能性成分

　果実は、動脈硬化・心臓病・脳卒中・アルツハイマー型認知症を予防する**葉酸**、身体の正常な発育に不可欠な**ビタミン B_2**、抗酸化作用、動脈硬化・ガンの予防に効果のある**ビタミン E**、抗酸化作用、抗炎症反応[※]、血圧上昇抑制・肝機能改善・眼精疲労回復に効果のある**アントシアニン**、便秘の改善に効果のある**ソルビトール**、その他、**カリウム**、**鉄**、**カテキン**を多く含みます。

　最近、オウトウの果実に**メラトニン**という成分が発見されました。この成分は、人の脳の松果体で作られる睡眠をコントロールする神経ホルモンの一種です。

※炎症反応とは生体が有害な刺激を受けた時、生体に発熱、疼痛、機能障害などの症候を発生させて、生体の恒常性を維持しようとする反応を言いますが、この炎症反応を抑える作用を抗炎症反応と言います。

一口メモ

1. 主な品種の続き

　米国で育成された「高砂」（高砂は和名で、本名はロックボート・ビガロウと言います）や、来歴不明で18世紀にヨーロッパで栽培されていた「ナポレオン」などがあります。また、米国から「ビング」や「レーニア」などの品種が輸入され、アメリカンチェリーとして販売されています。

2．オウトウ栽培の泣き所とは

　雨の多いわが国での、オウトウ栽培は大変です。収穫期にあたる６月・７月はご存知の通り、梅雨の季節。栽培上の最大の泣き所は、収穫期に雨が降ることで裂果（実が裂けてしまうこと）が多発することです。

　裂果を防止する方法としては、ビニールシートで樹を覆って雨を遮断するのが最も確実ですが、台風の来襲によりビニールハウスが倒壊することもあるため、万全とは言えません。そこで裂果抵抗性品種（裂果しにくい品種）の育成が望まれます。

　もう一つの障壁は、双子果です。双子果とは、１本の果梗に、２個の果実が形成されることです。双子果は、ジュース原料などに回す以外、商品価値はありません。形が悪いだけで味や品質には影響ないのですが、商品として出荷できません。

　ヨーロッパでは双子果のことをチェリー・ボブ（cherry　bob、bob：房）といって、"似た者同士"の比喩に使われる言葉です。オウトウが、人々の暮らしに密着していることがうかがえますね。

3．オウトウには三つの名前がある？

　オウトウのことをサクランボとも呼びます。特にモモの黄桃と区別するという意味では、オウトウよりもサクランボの方が誤解を招きにくいでしょう。中には"木はオウトウ、実はサクランボ、加工されるとチェリー"と使い分けている人もいます。同じ果実なのに三つも名前があるとは、値段と同様にぜいたくな果実です。

4．オウトウは聖母の木とされている、なぜ？

　キリスト教伝説によると、聖母マリアがオウトウを欲しくなり、

夫ヨセフにねだったところ、ヨセフの言葉が終わらぬうちに、オウトウの枝がマリアの口元にまで飛んで来たと伝えられています。この話から、オウトウは聖母マリアの木とされています。

5. ヨーロッパには、子供が「オウトウ（木）さん、鳥を捕まえてきておくれ」と言う遊びがある？

カッコーがオウトウの実を好むことを［鬼ごっこ］に利用した遊びがあります。隠れた子が［カッコー］と言うと、鬼の方は［カッコー］と言ってから"オウトウの木さん、鳥を捕まえてきておくれ"と言って、捜しに行くのだそうです。それだけオウトウは、おなじみな存在なのですね。

6. イギリスにはオウトウ果実を使う占いがある

わが国では花びらを一枚ずつはがしていって、最後の一枚で占う娯楽がありますが、イギリスでは、オウトウの果実をその代わりに用いて占いをするとか。例えば、お祝いの日を決めるのに、"今年、来年、いつかそのうち、だめ"と唱えて1粒ずつ取り除き、最後に残った1粒が、その答えとなるという占いです。

7. 「ナポレオン」の異名

オウトウの品種の一つ「ナポレオン」は、ナポレオン・ボナパルトがセント - ヘレナ島で1821年に没した後、ベルギー国王がナポレオンにちなんで命名したとされています。しかし、ナポレオンに征服された国ではこの名を嫌い、この品種の果実がハート形をしていることから、「オックスハート」（雄牛の心臓）と呼んでいるそうです。

8. 米国のポトマック河畔に咲く桜は、日本が送ったもの

　米国のタフト第27代大統領が夫婦で来日された際、ヘレン・タフト夫人は日本の桜の美しさを賞賛されました。そこで当時の東京市は、桜の苗木3,000本をアメリカに寄贈することを決定。この任に当たったのが、現・果樹研究所です。今でも検疫は大変な仕事ですが、明治45年（1912年）に送付した苗木には、病虫害の付いたものは1本もなかったとか。ワシントンDCのポトマック河畔で大統領夫人が最初の1本を植え、2本目は珍田大使夫人が植えたとのこと。それから100年以上が経った今も、ポトマック河畔には［タフト桜］と呼ばれる桜の木がたたずんでいます。樹齢100年を超えるほど大切にされた木々ですが、どうしても傷みが進み、日米の有志によって、今も保全活動が継続されているそうです。

 （梅）

1. 樹種の来歴

　ウメはバラ科サクラ属の落葉樹です。原産地は、中国四川省や湖北省の山岳地帯とする説が有力です。ウメは酸味が強いため生では食用に適さず、特殊な加工を必要とすることから、果樹としてはアジアの一部に限られ、世界的な果樹には発展しませんでした。中国からのわが国へのウメの伝来時期は、7～8世紀頃ではないかという説が有力です。

　ウメの名の由来は［熟実（うむみ）］がなまったという説、［浮目（うきめ：冬を忘れて浮き浮きと見える花の意)］の略、などがあります。『万葉集』では、ウメの漢字として梅、烏梅、汗米、宇米、宇梅、有梅、牟梅、干梅などの文字が使用されています。

　栽培は和歌山県が特に多く、栽培には4～10月の平均気温が15℃以上の地域が良く、北限は青森県中部くらいでしょう。

　ウメは、茨城県、大分県（豊後梅）の県木、大阪府、和歌山県、福岡県、大分県（豊後梅）の県花です。

2．主な品種

南高	和歌山県の高田貞楠により発見され、「内田梅」の自然交雑実生で、昭和40年に命名。収穫期は6月中～下旬、果実重は25g程度で、果肉が厚く、核が小さく、梅干しに適しています。「南高」という名称は、選抜に寄与した地元の南部高校に因んで命名されました。
白加賀 （しろかが）	江戸時代から栽培されていた品種で、来歴は不明。収穫期は6月中～下旬です。果実重は25～30gで、果肉は厚く、肉質は緻密で、梅酒用、梅干し用、ともに適しています。

　その他、「竜峡小梅」（長野県原産）、「鶯宿」（来歴不明）、「豊後」（ウメとアンズの雑種で、古い時代に中国から渡来した）などがあります。

3．選び方

梅干し用……果皮が少し黄色みを帯びた緑色で、傷のない果実を選

びましょう。

梅酒用………未熟過ぎると、良い香りの梅酒はできませんが、逆に熟し過ぎたり、傷があると、梅酒がにごるとも言われています。青めで硬く、傷のない果実が良いでしょう。

4. 機能性成分

　梅干しには、**食物繊維**が特に多く、便秘の予防、糖質・脂質の吸収を遅くしたり、発がん性物質などの排泄、ビフィズス菌などの大腸での増加促進、悪玉コレステロールの上昇抑制などにより、生活習慣病を予防します。**クエン酸**は、グリコーゲンを蓄積し疲労回復に役立ちます。その他の成分として、**ビタミンE、カリウム、カルシウム、マグネシウム、リン、鉄、銅、マンガン、カテキン、ケルセチン、プロアントシアニジン**を多く含みます。

一口メモ

1. ウメとアンズは仲良し

　ウメはアンズとの交雑が容易で、近くに植えられているとすぐに掛け合わせになります。10g以下の［小ウメ］（「竜峡小梅」、「甲州最小」など）は純粋ウメと考えられますが、それより大きい［中ウメ］の一部や［大ウメ］にはアンズの形質が入っていると思われます。

2. ウメを食べるようになったのは、いつ頃から？

　生のままでは食べにくいウメは、いつ頃から食べられるようになったのでしょう。ウメは当初、神社仏閣や庭園などの観賞用として発達してきました。実を食べるようになったのは鎌倉時代以降で、梅干しをシソで赤く染める技術はこの頃にできたと推定されていま

す。鎌倉時代から室町時代にかけてウメ栽培が次第に普及し、梅干しや、梅干しを作る際に取れる梅酢は、重要な酸味調味料として利用されるようになりました。

3．ウメには防腐効果がある！

夏の時期、お弁当やおにぎりに梅干しを入れておくと、おかずなどが傷みにくいことは、経験上知っている方も多いのではないでしょうか。

ウメはアミグダリンという青酸配糖体を含有しています。アミグダリンは酵素によって分解され、ベンズアルデヒドと青酸に分解されます。このベンズアルデヒドはウメ特有の香気の主体です。ベンズアルデヒドがさらに酸化されると、安息香酸となり防腐効果を示します。

最近、民間薬として知られている梅肉エキスに、血流改善効果のあるムメフラールが見つかりました。ただ、この成分は加熱過程で糖とクエン酸が結合してできる物質なので、生のウメ果実には含まれていません。

4．ウメには青酸が含まれている？　食べても大丈夫？

青酸と聞くと猛毒だと思われる方もいらっしゃるでしょう。確かに青酸は毒性を示しますが、青ウメの種子1個中の青酸含量は0.2〜0.5μgとされています。人に対する青酸の致死量は50〜60mgなので、青ウメの種子100〜300個を一気に食べない限り、致死量には至りません。さらに青酸の沸点は25.6℃と低いため、室温で青酸はほぼ揮散してしまいます。そのため、ウメは食品として毒性を示すことはありません。

5. 梅酒と美味しいウメジュースの作り方

梅酒の作り方

　35％の焼酎2ℓとウメ1kg、氷砂糖1kgを清潔なガラス瓶などに入れて、2〜3か月間放置します。長くウメを漬けておくと苦味が出ることがありますので、注意しましょう。この梅酒の成分は、アルコール分13〜20％、糖分30〜36％、酸度1.4〜2.0％です（野白喜久雄から）。

ウメジュースの作り方

　ウメに同量の氷砂糖（普通の砂糖でも可）を入れ、1か月ほど冷暗所に保存します。湧き出したジュースは薄めて飲料に、果実は食用とします。

6. ［菅公の飛梅］とは？　東京都の［青梅］という地名の由来は？

　菅原道真が［醍醐天皇の廃位を図った］とするのは、藤原時平の策略でした。この陰謀により、901年に太宰府に左遷されることになった時、菅原道真は居宅（紅梅殿）に植えられていたウメ（大切にしていた、とされる）を見て、"東風（こち）吹かば　匂ひおこせよ　梅の花　あるじなしとて　春なわすれそ"と詠んだと言います。歌の意味は、"春風が吹いたら、京都から大宰府まで、その香りを送っておくれ。あるじがいなくても、春を忘れるでないぞ"。道真のウメへの愛情と、口惜しさが伝わってきますね。

　このウメの枝が、太宰府に左遷された道真を慕って空を飛び、当地に根を下ろしたとされているのが［菅公の飛梅］です。道真の死後、皇室、藤原一族に異変が相次ぎ、これは道真のたたりだとして、京都に北野天満宮が創建され、道真は学者の家柄であったため学問の神として祭られました。

　一方、東京には青梅、という町があります。[青梅] の地名は、平将門が10世紀の初め、当地の金剛寺に手植したウメ（誓いの梅）の実が、秋になっても青いことから付けられたとされています。

7. 臥竜梅と梅見について

　わが国には樹齢何百年というウメの古木があり、天然記念物に指定されているものもあります。その多くは臥竜梅と言い、幹が横倒れしたものから再発根して、新しく枝幹を発育させ、1本の樹が梅林のように茂ったものです。天然記念物に指定されている梅樹としては仙台市の「朝鮮梅」、山梨県の「黒駒の大梅」、山口県の「余田臥竜梅」、宮崎県の「湯の宮の座論梅」や「高岡の月知梅」、鹿児島県の「藤川天神の臥竜梅」などがあります。

　江戸時代初期から、身分の上下にかかわらず、多くの人々の間で [梅見] やサクラの [花見] が盛んになりました。文化元年（1804年）に佐原菊塢が、ウメ360本を向島の3000坪の土地に植えた [向島百花苑] は、江戸の梅見の名所となっています。

8. 平安時代にウメの人気がサクラに移ったわけ

　794年に桓武天皇によって京都に遷都が行われた時、紫宸殿の南階段の前庭の左にウメ、右にタチバナが植えられました。960年、村上天皇の時には内裏の火災でウメの木が焼け、その後にサクラの木が植えられましたが、その理由は、その頃ウメの人気がサクラに移っていたためとされています。

　この背景には、摂関時代の到来があると言われています。当時宮廷では、価値観が気品から華美に向かい、また女性化していったことが、大きな理由ではないかというものです。

9．ウメの枝には魔除けの効果がある？

　ウメの枝は硬く弾力性があり、杖としても用いられています。この杖は魔除けの力があるとして、新築の家に入る時、この杖で家の中をたたいて悪魔を追い払う、という言い伝えがあります。

10．"ウメはその日の難逃れ"という諺の意味は？

　梅干しを食べると食あたりにならないなど「その日その日を無事にすごせる」という、ウメの効用を説いた言葉です。また、"ウメは三毒（食べ物・血液・水の毒）を断つ"とも言われています。

11．諺、慣用句、俳句

＊諺

ウメを望んで渇きを止む

　ウメを食べることを想像すると、唾液が出て喉の渇きが我慢できる、という意味です。我慢する方法を教えたとも、実質のないことのたとえとも、言われています。

＊慣用句

梅と桜

美しいもの、または良いものが並んでいるたとえ。

梅に鶯

取り合わせの良いことのたとえ。

梅暦

梅の花を暦の代わりにすること。山中で梅の花が咲いているのを見

て、春が来たことを知ることができることから。

＊俳句

梅が香に　のっと日の出る　山路かな

松尾芭蕉の一句。梅の香りが漂って来るようです。

むめ一輪　一輪ほどの　あたゝかさ

服部嵐雪（芭蕉の弟子）の一句。梅の花が一輪ずつ咲くたびに温か
くなるという、春が来た喜びを詠んだ句。

　（注）むめ：ウメの古語

クリ（栗）

1. 樹種の来歴

　クリは、ブナ科クリ属の落葉樹です。クリ属には12種ありますが、
その中で経済栽培されているのは日本グリ、中国グリ、ヨーロッパ
グリ、アメリカグリの４種です。日本グリは、北海道中部から九州
南部、朝鮮半島南部に自生しているシバグリを基本種として、改良
されたものです。縄文時代の遺跡から、クリの遺物が出土していま
すので、古くから人々の暮らしに関わりがあったのだと分かります。

　中国グリの原産地は、朝鮮半島の一部、中国東北部の南部から中
部地方、雲南（中国南西部）あたりとされています。ヨーロッパグ
リの原産地は、地中海沿岸から、カフカス、小アジアです。アメリ
カグリは、北アメリカ東北部のメイン州から東南部のジョージア州、
アラバマ州に至るアパラチア山脈の周辺部が原産地です。中国グリ、
ヨーロッパグリ、アメリカグリは、明治時代以降、導入・試作され

ましたが、わが国での栽培は難しく、ほとんど栽培されていません。

　クリの名は、果皮の色が黒いことからクロ→［クリ］、または落下した果実が石のように見えることから石を意味する古語［クリ］、に由来します。

　日本グリの栽培は茨城県、熊本県、愛媛県が特に多く、栽培には4〜10月の平均気温が15℃以上の地域が良いでしょう。

2. 主な品種

ぽろたん	果樹研究所が「登録者所有の育成系統×国見」に「丹沢」を交配し、平成19年に品種登録。熟期は9月中旬で、果実は30g程度と大きく、果肉は黄色、粉質で甘く、渋皮（種皮）の剥皮（皮をむくこと）も簡単です。
筑波	果樹研究所が「岸根」に「芳養（はや）玉（だま）」を交配し、昭和34年に命名登録。 熟期は9月中〜下旬、果実重は25g程度で、果肉は黄色、粉質で甘く、玉揃いもよい品種です。

　その他、果樹研究所が育成した「丹沢」、江戸時代から栽培されている「銀寄」、日本グリと中国グリの雑種である「利平グリ」などがあります。

3．選び方と保存方法

果皮（鬼皮）にツヤやハリがあり、下部のザラザラした部分（座という）の面積が大きく、かつ重みのあるものが良いでしょう。クリは30日程度冷蔵庫で保管すると、デンプンが糖化して甘味が増します。

4．機能性成分

果実（ゆでグリ）は、便秘の改善に役立つ**不溶性食物繊維**、動脈硬化・心臓病・脳卒中を予防する**葉酸**、アセトアルデヒドを分解するため二日酔い対策になる**ナイアシン**、身体の正常な発育に不可欠な**ビタミン B$_2$**、補酵素として不可欠な**パントテン酸**、ニキビ・吹き出物・口内炎を予防する**ビタミン B$_6$**、さらに**ビタミン B$_1$**、**ビタミン E**、**カリウム**、**カルシウム**、**リン**、**鉄**、**銅**、**マグネシウム**、**亜鉛**、**マンガン**を高含有するなど、クリは機能性成分の宝庫です。

渋皮には、ガン・動脈硬化・心筋梗塞・脳卒中の予防に効果のある**プロアントシアニジン**を多く含んでいます。渋皮ごとクリを煮る渋皮煮は栄養面にも優れた、わが国の伝統料理です。

一口メモ

1．日本グリ栽培の最大の問題点とは？

収量が120Kg/10a 前後と、他の果樹（リンゴや温州ミカンは2200kg/10a 前後）と比較して極めて少ないことが、最大の問題です。収量を増やすためには、従来の［クリは粗放栽培をするもの］という考えから脱却し、適正管理をする必要があります。

2. ヨーロッパグリ、中国グリ、アメリカグリを日本で栽培しない理由とは？

ヨーロッパグリは乾燥した気候に適し、わが国のような多湿な気候には適しません。中国グリは結実性が低くて収量も少ない上に、日本グリの花粉が受粉・受精すると渋皮の剥皮が困難（皮がむきにくくなる）になります。アメリカグリは胴枯病に非常に弱く、わが国での栽培は困難です。

3. クリはどうやって収穫するの？

クリの収穫方法には、自然落下したきゅう果（イガを含めた全体）を拾集する方法と、きゅう果を竹ざおなどで落として拾集する方法とがあります。前者には未熟果の混入はないものの、地面に長く放置すると腐敗したり動物の食害を受ける可能性があり、後者には未熟果が混入する可能性が高い、という欠点があります。

4. 日本グリの渋皮の簡単なむき方とは？

大量のクリの渋皮を、上手にむく方法です。温度制御ができる市販の電気調理器に植物油を入れ、約190℃に加熱します。この中に鬼皮（果皮）を除去したクリ果実を入れ、2分ほど素揚げにします。果実を取り出し、食品用の界面活性剤で果実の表面に付着した油を取り除いた後、手で渋皮（種皮）をむくと、表面のヒダを残したまま、きれいに仕上げることができます。

5. マロングラッセとは、どんなお菓子？

マロングラッセとは、ヨーロッパグリの実を砂糖蜜で煮つめ、バニラで風味を付けて乾燥させた高級菓子です。マロングラッセの品

質を左右する大きなポイントは、果実表面のヒダが自然のままに残っていることです。日本グリはヨーロッパグリより大きいので、日本グリを使ったマロングラッセが作れたら、さぞおいしいでしょう。しかし、日本グリは、渋皮がきれいにむけません。

　上記のような渋皮の剥皮法が開発され、また渋皮が簡単にむける「ぽろたん」を育成したことで、日本グリの高品質なマロングラッセの製造が可能になるのでは？　と思うのですが。

　マロングラッセは17世紀頃にフランスで作られたようですが、そもそもはアレクサンドロス大王（BC356～ BC323年、マケドニア王）が、愛妻ロクサーネのために作らせたとも伝えられています。

6. マニキュアの歴史とマロングラッセ

　フランスではマロングラッセを作る際に、クリの渋皮を手で除いていましたが、爪が渋皮のタンニンで黒くなります。これを隠すために、マニキュアが行われたとされています。

　なお、マニキュアの歴史は古く、BC27世紀頃の古代エジプトではヘンナ（西アジア原産のミソハギ科の低木で、１年中、芳香がある白・薄紅・薄緑色の花が咲く）の花の汁を用いて、爪を染めたとされています。古代ギリシャ・ローマ時代には、上流階級の婦人の間でマニキュアが流行していました。

　中国では唐時代に楊貴妃の手足の爪が紅色で美しく、宮廷の女性がそれをまねて、爪にホウセンカの花の汁を塗ったのが、爪（つま）紅（べに）の始まりとされています。わが国にも平安時代末期の頃に、この爪紅の風俗が中国から伝わっています。

7. 天津甘栗とは品種名？

天津甘栗とは品種名ではなく、中国北部一帯、特に華北の万里の長城周辺の山岳地帯で生産されたクリが、天津市に集荷され輸出されたことにより、その名が付きました。

8. イガグリも内から割れる？　柴グリも時節が来ればはじける、とは？

クリにはイガがあり、割って中の果実を取り出すのには手間がかかります。しかし、時がくれば自然に割れて、果実を取り出すことができる、という意味です。これは"娘も年ごろになれば美しく、女らしくなる"というたとえに用いられる言葉です。

9. イソップ物語のクリ

イソップ物語の中に、猫が猿におだてられて火の中のクリを拾い、大やけどをする話があります。フランスのラ・フォンテーヌ（1621～1695年）の寓話にも［火中の栗を拾う］という言葉があり、日本でも使われていますね。どちらも"人の利益のために危険をおかして、結局馬鹿をみる"という意味です。

イチョウ（銀杏）

1. 樹種の来歴

イチョウは、イチョウ科イチョウ属の裸子植物の樹木です。イチョウの実が、ギンナン（銀杏）です。イチョウの起源は、古生代のデボン紀（約4億1000万～約3億6000万年前）にさかのぼるとも言われており、中世代のジュラ紀（約2億～約1億4000万年前）や白

亜紀（約1億4000万～6500万年前）に最も繁栄し、地球上に広く分布していたとされています。しかし、新生代（約6500万年前～現代）の氷河期に、多くのイチョウが絶滅しました。氷河期の中国は比較的温暖であったため、絶滅をまぬがれたと考えられています。現在のイチョウの原産地は中国南部とされていますが、自生地は見つかっていません。

　中国ではイチョウを表す文字として、一般には銀杏を用いますが「鴨脚樹」とも書きます。扇状に広がった葉の形が、鴨の脚に似ていることに由来します。鴨脚の宋音（宋の読み方）［ヤーチャオ］が日本で変化し、イチョウと呼ばれるようになった、とされています。

　「銀杏」は宋音読みのギンアンの連声（二つの語が連接するときに生じる音変化の一つ。［ンア］が［ナ］に転じたこと）で、日本ではギンナンと発音するようになりました。

　イチョウは中国から朝鮮半島を経てわが国へ渡来したとする説が有力ですが、その時期については、明らかではありません。

　わが国でギンナンを目的に営利栽培された歴史は比較的新しく、昭和時代初期の頃のようです。栽培は大分県が特に多く、その他多数の県で栽培されています。

　イチョウは、東京都、大阪府、神奈川県の県木です。

2. 主な品種

　イチョウは古から実生繁殖されたこともあり、品種も多くあります。「久寿」は愛知県の富田久雄宅に、「金兵衛」は愛知県の横井義一宅に、「栄神」は愛知県の古川貞雄宅に原木があり、「藤九郎」（岐阜県の広瀬藤九郎宅の原木は枯死）などがあります。熟期は、多くの品種で10月中～下旬です。

3. 選び方

　中種皮（殻）は白く、粒が大きく、よく乾燥したものを選びましょう。内種皮である薄い渋皮をむいた可食部が、みずみずしい黄緑色をしているものは新鮮です。渋皮は新鮮な時は手でむけますが、古いものは茹でながらむくと良いでしょう。

4. 機能性成分

　漢方ではギンナンを白果と言い、咳止め、痰の切れをよくし、また頻尿や夜尿症にも効果があり、さらに肺を温め喘息に特効があるとされています。ただ、ギンナンは微量の青酸配糖体を含むため、食べ過ぎない方が良いでしょう。近年、イチョウの葉はドイツ、フランスでは高血圧の特効薬の原料として、さらに抗酸化作用や脳神経に対する作用が認められ、ヨーロッパを中心に老化防止薬として期待されています。日本からも、乾燥葉が輸出されているほどです。

　ギンナン（ゆで）は、**不溶性食物繊維、ビタミンB_1、ビタミンB_2、ビタミン E、ナイアシン、パントテン酸、ビオチン、カリウム、マグネシウム、リン、鉄、銅、亜鉛、マンガンを多く含みます。**

一口メモ

1. ギンナンは、果実なの？

　ギンナンは果実ではなく、種子であり、果皮や果肉はありません。多汁質で一見果肉様に見える外種皮は、独特の臭気を発し、この液が肌に触れるとかぶれることがあります。

2. ギンナン拾いをする時の注意

　ギンナンの外種皮にはギンゴール酸やビロボールなどの成分が含

まれており、前述のとおり、肌に直接触れるとかぶれることがあります。ギンナン拾いをする時には、じかにギンナンに触れないように注意してください。外側の果肉状の外種皮が熟していれば外種皮を洗いおとし、熟していなければ土に埋めて、軟らかくなってから外種皮を洗いおとして種子を取り出します。

3. イチョウの雄株と雌株の判別法

　皆さんご存知の通り、ギンナンは雌の木にしかなりません。また、そばに雄の木がなければ結実しません。独特のにおいやかぶれを起こすことを考慮して、街路樹はほとんどが雄の木が採用されています。それでもたまに雌の木が混じって、秋になると落果していることがありますね。

　雌雄を見分ける方法をご紹介しましょう。苗木の場合、一般に雄株は上向きに枝を張り、雌株は水平に枝を張る傾向があります。また、雌株は雄株に比べて葉が小さく、裂刻（葉の中心部の切れ込み）が小さく、秋に葉が黄化する時期が早いと言われています。ただ、これだけでは、完全に雄株と雌株を区別することはできません。ギンナンの生産には、雌株を植えますが、完璧に雌雄を区別するためには、DNA検査が必要です。

4. イチョウには精子がある？

　精子は普通、動物で形成されますが、平瀬作五郎は、東京大学植物園のイチョウを用いて、イチョウで精子が形成されることを、1896年に発見しました。これは、種子植物における精子の存在を初めて発見したものです。

5. イチョウにおっぱいがある？

　イチョウは、老木になると大枝や幹から、乳房状の突起が下垂する気根（地上から出る根の総称）が発生することがあります。それが時には直径1m以上になり、この中にデンプンが蓄えられています。乳房が垂れ下がったように見えることから、［乳］と呼ばれ、昔は乳の出ない女性の信仰の対象になっていました。長く伸びて地に付くと、先端から根が出ます。

6. 徳川家の家紋とイチョウ

　徳川氏の家紋は、葵（三葉葵）であることはよく知られていますが、徳川氏が三河に入国する以前は、イチョウ（剣イチョウ＝剣銀杏紋）を家紋として用いていました。これは3つのイチョウの葉と3本の剣をあしらったもので、今も愛知県岡崎市の家康公ゆかりの寺、松應寺に剣銀杏紋を見ることができます。

7. 中国の逸話

　中国では昔から結婚式の祝宴で新郎新婦に、氷砂糖で煮たギンナンを食べさせる風習がありました。これは、イチョウは1000年以上も生きるという生命力の強さから、子孫繁栄を願ったものと考えられています。

 （葡萄）

1. 樹種の来歴

　ブドウは、ブドウ科ブドウ属のつる性落葉樹です。ブドウの先祖が地球上に出現したのは、白亜紀（約1億4000万〜6500万年前）頃

とされています。氷河期に入ると大半の野生ブドウは、ほとんどが死滅しました。

　氷河期が終わった約1万年前に、西アジア（黒海とカスピ海とに挟まれたカフカス地方など）や北米、アジアで、氷河期を生き延びた野生ブドウからヨーロッパブドウ、アメリカブドウ、アジア野生ブドウが誕生したと推定されています。

　ブドウがフェルガーナ（天山山脈西部）から中国に伝来した当時、ブドウのことをフェルガーナ語で［ブーダゥ］と言いました。そこで中国語でも同じ呼び名を用い、わが国でもほぼそのまま発音したとされています。

　わが国には東アジアに自生しているアジア野生ブドウのヤマブドウ、エビヅルなどが存在します。これらの果実はさほど魅力のあるものではなく、改良されずに現在に至っています。わが国のブドウ栽培の起原は、「甲州」が発見され、鎌倉時代初期から栽培されたことに始まります（一口メモの2を参照）。

　栽培は山梨県、長野県、山形県、岡山県、北海道で多く、栽培には4〜10月の平均気温が14℃以上、降水量は1600mm以下、ヨーロッパブドウでは1200mm以下の地域が良いでしょう。

2. 主な品種

シャインマスカット	果樹研究所が「安芸津21号」に「白南」を交配し、平成18年に品種登録。熟期は8月中旬、果皮は黄緑色で、果粒重は10g、糖度は20％、マスカット香があります。ジベレリンで無核化ができて、果粒重は12g程度となります。ブドウ品

ピオーネ	種の中では、最高の品質です。 井川秀雄が「巨峰」に「カノンホール・マスカット」を交配し、昭和48年に登録。熟期は9月上旬頃で「巨峰」より少し遅く、果粒重は13〜15gと大粒で、糖度は17〜18%、果皮は紫黒色です。「巨峰」と比較して肉質は硬く、品質も優ります。ジベレリンによる無核化栽培が確立されています。
巨峰	大井上康が「石原早生」に「センテニアル」を交配し、昭和20年に命名。熟期は8月下旬〜9月上旬、果粒重は約12gと大粒で、糖度は17〜18%、果皮は紫黒色、品質は優れています。ジベレリン処理で無核化が可能になっています。

3. 選び方

　軸が太く緑色で房がしっかりし、持ち上げても果粒が落ちないものが新鮮です。同時に果皮に白い粉＝果粉（かふん）がふいて果粒に弾力性があり、粒が揃っている房を選びましょう。赤系のブドウでは色の濃い房が、青系のブドウでは少し黄色がかったものが良いでしょう。

4. 機能性成分

　ブドウの果実には生活習慣病を引き起こす原因となる、活性酸素を除去・不活性化する**ポリフェノール**や、動脈硬化の抑制、抗アレ

ルギー作用、血圧上昇抑制などの作用がある**ケルセチン**を多く含みます。果皮に多く含まれているポリフェノールの一種、**レスベラトロール**は心臓病を引き起こす動脈硬化の原因となる、LDL- コレステロールの酸化を阻止して真の悪玉となることを防ぎ、さらにガンの予防や抑制にも効果が期待されます。その他、果皮には、**アントシアニン**、**カテキン**、赤紫系果皮には**プロアントシアニジン**を多く含みます。フランス人が肉や脂肪を多く食べているのに心臓病が少ないのは、アントシアニンを高含有する赤ワインを多く飲んでいるからだ、とする調査報告があります。このように、有効な成分（特にレスベラトロール）は果皮に含まれているため、ブドウは、皮のまま食べるのがお勧めです。

一口メモ

1．主な品種の続き

| デラウエア | 米国で偶発実生として発見され、わが国には明治15年に導入されました。熟期は 8 月下旬頃、果粒重は 1 . 3 g と小さく、糖度は18〜20％、果皮は赤灰色で、ジベレリンにより無核にしています。 |

　その他の優良品種

　北アフリカ原産の「マスカット・オブ・アレキサンドリア」、川上善兵衛育成の「マスカット・ベーリー A」、果樹研究所育成の「安芸クイーン」、花沢茂育成の「瀬戸ジャイアンツ」、上原宣紘育成の「ロザリオ・ビアンコ」、青木一直育成の大粒系ブドウ「藤稔」などがあります。

2.「甲州」の由来

　わが国のブドウ栽培の起原は文治2年（1186年）、甲斐国八代郡祝村（現・山梨県勝沼町）で、雨宮勘解由によって「甲州」が発見されたことにさかのぼります。その後、鎌倉時代初期から栽培が始まったと伝えられています。しかしその後、栽培はあまり普及しませんでした。その理由の中には、武田信玄が甲州からの持ち出しを禁じたという話がありますが、真実のほどは分かりませんが。

　17世紀初頭に永田徳本により棚栽培法（ワイヤーを横に巡らせて、つるをはわせる栽培法）が伝えられ、以降急速に、現在の山梨県、大阪府、京都府などで広まり、元禄時代には広く知られるようになりました。

3. イザナギノ命が投げ捨てたエビカズラはどんな果樹？

　『古事記』にイザナギノ命が黄泉国から逃げ帰る時に、追ってきた女鬼に髪に付けていた黒いカズラを取って投げ捨てると、たちまちエビカズラになってたくさんの実をつけ、それを女鬼が食べている間に逃げおおせた、という話があります。エビカズラは、わが国に自生している野生ブドウの古名です。

4. ブドウを棚栽培するのはなぜ？

　ブドウは乾燥した気候を好むので、雨が多いわが国では枝が伸び過ぎ、葉が重なり合うことで過湿となって、病気が発生しやすくなります。そこでブドウを平棚栽培することにより、枝葉を棚面に横に広げ、過湿を防ぐことができる、というわけです。

5．ブドウの果実に付いている白い粉は、なに？

　果粉（かふん）またはブルームといって、ブドウ自体が作り出す
[ろう] 物質の粉です。ブルームには、果実の乾燥を防ぎ、みずみ
ずしさを保ち、雨水や病原菌の侵入などから果実を守る働きがあり
ます。食べても害はありませんので、安心してください。

6．世界で最初にブドウ酒を作ったのは誰？

　聖書にも頻繁に登場するブドウ酒ですが、ブドウ酒そのものはブ
ドウの糖分と果皮に自然に存在する酵母菌によって、容易に発酵し
てお酒になります。そのため、人類は野生ブドウの発見と同じ頃に
は、すでにブドウ酒らしきものを作っていたと思われます。つまり、
ブドウ酒作りの発祥地は、野生ブドウの自生地と考えられます。積
極的なブドウ酒の醸造は、世界最古のメソポタミア文明が発生した
ティグリス・ユーフラテス川流域で、シュメール人によって誕生し
たと推定されています。

7．赤ワイン、白ワイン、ロゼワインの違いは？

　赤ワインは、赤系ブドウの果肉、果皮、種子を粉砕して発酵させ
ます。果皮中の色素と種子中のタンニンがワインの色と渋味を形成
し、濃厚な風味で肉料理によく合います。

　白ワインは、青系ブドウの果肉だけを粉砕して発酵させます。そ
のため渋みは少なく、爽快な風味があり、魚料理に適します。

　ロゼワインは、赤系ブドウを赤ワインと同じように仕込み、発酵
液が色付いたころに果皮、種子を分離し、液体のみをさらに発酵さ
せて作ります。色も風味も赤ワインと白ワインの中間です。

　ちなみにシャンパンとは、フランス東北部のシャンパーニュ州で

産出し、ブドウを発酵させる際に生じた炭酸ガスを含有する発泡性ブドウ酒で、爽快な香味があります。シャンパーニュ州で産出されたものだけがシャンパンを名乗ることができるので、その他の産地の発泡ワインはすべて［スパークリングワイン］と称されます。

　健康機能性の面から、少し補足しましょう。赤ワインは果皮を含めて発酵させるため、果皮にあるレスベラトロールを多く含みます。白ワインは、レスベラトロールを含みません。

　原料となるブドウは、赤ワイン用としてフランス原産の「メルロー」、「カベルネ・ソービニヨン」、白ワイン用としてフランス原産の「セミヨン」、「シャルドネ」などがあります。

　なお、ブドウ酒は貯蔵期間が長いほど品質は向上しますが、70年を超えると品質が低下すると言われています。また最近、青系ブドウを赤ワインと同じように醸造した、オレンジ色のオレンジワインというブドウ酒も製造されています。興味のある方は探してみてはいかがでしょうか。

8．わが国でブドウ酒の発達が遅かった理由

　わが国でのブドウ酒の発達が諸外国に比べて遅かった理由の一つに、水質の悪いヨーロッパと異なり、わが国は豊かで清らかな水に恵まれている、という点が挙げられます。おいしい水に恵まれているので、ブドウ果汁を水代わりに飲むという発想が生まれなかったのではないかと想像されています。

　ブドウもミカンなどのカンキツ同様、水を与えずに育てると甘味が増します。多雨地帯のわが国の野生ブドウは糖度が上がらず、ヨーロッパの乾燥地帯の野生ブドウと比較すると、糖度で7〜8度もの差があります。糖度が低いわが国の野生ブドウでは、果汁がブド

ウ酒になる前に腐ってしまったということも、理由の一つと考えられています。

9. イスラム教でお酒を禁じた理由とは？

　イスラム教の聖地メッカ（サウジアラビア西部）で、かつて人々が飲んでいた酒は、ナツメヤシの果実から作られたお酒でした。飲酒の弊害が著しいことから、イスラム教では飲酒を禁じています。ナツメヤシ果実の糖度は60〜70％なので、これを原料に作ったお酒のアルコール度数は30％前後。かなり強いお酒であったと思われます。ちなみに、エルサレムではブドウがよく生育したのに対して、メッカは気温が高すぎてブドウが生育しにくい、という事情もありました。そのため、お酒の原料にはブドウよりもナツメヤシの果実を用いたのでしょう。

10. キリスト教とブドウ

　キリスト教とブドウは、切っても切れない縁があります。ブドウは豊穣の象徴とされ、教会のステンド・グラスや内部装飾などにも、モチーフとして用いられています。また、キリスト教の聖餐に用いるブドウ酒は、イエスの血を表しています。『新約聖書』ヨハネ伝15章には"われはブドウの木、なんじらは枝なり"とあり、ブドウの木はイエスの象徴ともされているのです。

11. 幕末時代の日本のブドウ事情

　安政6年（1859年）に出版された大蔵永常の『公益国産考』に、次のような記載があります。"ブドウは近年、甲州地方で益々多く作られ、季節になると江戸の四谷をブドウを乗せた馬がひきも切ら

ず通過し、その売上額は数千両にもなるという。甲州では家の庭など
に５〜６本のブドウを植えると、大きな利益が得られ、心掛けて
作れば一家の生計の助けになる"

　ブドウはこの頃の江戸庶民にとって、憧れの品であったことがう
かがえます。

カキ （柿）

1．樹種の来歴

　カキは、カキノキ科カキノキ属の落葉樹です。カキの原産地は中
国ですが、その実は渋ガキです。わが国へは奈良時代頃に渋ガキが
中国から伝わり、鎌倉時代に現在の神奈川県で不完全甘ガキ（種子
ができると甘ガキになる）の「禅寺丸」が発見されています。

　カキの名は、赤い果実がなることから［赤木］、果実が赤いこと
から［赤き］に由来します。

　栽培は和歌山県、奈良県が特に多く、栽培には４〜10月の平均気
温が、甘ガキでは19℃以上、渋ガキでは16℃以上の地域が良いでし
ょう。

2．主な品種

太秋	現・果樹研究所が「富有」に「ⅡiG-16」（次郎×興津15号）を交配し、平成７年に品種登録。 完全甘ガキで熟期は11月上旬頃。果実は400g程度と大果です。糖度は17％と高く、果肉は多汁で、現在のカキ品種の中

	では最も美味です。
富有	岐阜県原産の完全甘ガキ。熟期は11月中～下旬、果実重は280g程度で、糖度は15～16％、高品質品種の一つです。
平核無	新潟県原産の不完全渋ガキです。熟期は10月下旬～11月上旬、果実重は220g程度で、糖度は約14％、肉質は緻密で多汁です。

3．選び方と保存方法

　ヘタ（ガク）の緑色が鮮やかで、重量感のある果実が良品です。同時に果皮にツヤとハリがあり、赤みの濃い形が整った果実を選びましょう。ヘタと果実の間が部分的に剥離（すきまができ）し、果実に亀裂が生じる障害を［ヘタスキ］と言いますが、このような果実は避けましょう。

　カキは果皮と果肉との間に渋みが残るので、皮をむいたほうがおいしく食べられます。保存するときはヘタを下にして置くと、甘味が果実全体に広がります。

4．機能性成分

　カキの果実は、二日酔いを防ぐ特効薬であることはよく知られています。二日酔いとはアルコールの分解過程の中間産物であるアセトアルデヒドが血中へ流れ込み、不快な症状が残る状態を言います。カキに含まれている**タンニン**は、胃の粘膜に作用してアルコールの吸収を抑制します。

　活性酸素の除去、骨の健康維持などに関与する**マンガン**も多く含

まれています。抗酸化作用のある**カロテノイド・ビタミンC**も豊富で、½個で1日のビタミンCの必要量の約70％が摂れます。その他、**ビオチン、ケルセチン、リコピン、タンニン、プロアントシアニジン**を多く含みます。また、干し柿200gで食物繊維の1日の必要量をまかなえます。

　未熟なカキ果汁を発酵させて作ったものが［カキ渋］です。古くから火傷やしもやけ、あかぎれの民間治療薬として用いられるほか、消毒・防腐の効果があることから、家具や紙に塗るなど、生活の様々な場面で活用されてきました。

　カキの葉には**ビタミンC**や**カリウム**が豊富で、葉のお茶には血圧を下げる効果があると言われます。さらに、葉には抗菌作用があり、柿の葉寿司に利用されています。その他の民間治療としては、ヘタを煎じて、利尿剤、嘔吐の抑制剤にも用います。

一口メモ

1. カキの分類

　カキは渋味か甘味か、種子の有無、果肉のゴマ斑の生成程度により次の4種類に分けられます。

①完全甘ガキ

　種子の有無にかかわらず自然脱渋する品種で、少量のゴマ斑（後述）を生じます。

②不完全甘ガキ

　種子が多く形成されると甘ガキになる品種。種子の周囲に多量のゴマ斑を生じます。種子数が少ないと、渋い部分が残ります。

③完全渋ガキ

種子の有無にかかわらず著しく渋みがあり、ゴマ斑を生じない品種です。

④不完全渋ガキ

種子が形成されると、その周りにゴマ斑を生じて脱渋（渋味がなくなること）されます。しかし、その範囲は狭く常に渋ガキとなります。

2. 主な品種の続き

刀根早生 （とねわせ）	奈良の刀根淑民が「平核無」の枝変わりとして発見し、昭和55年に命名した不完全渋ガキ。熟期は「平核無」より約2週間早く、果実特性は「平核無」とほぼ同じです。
松本早生富有 （まつもとわせふゆう）	京都府の松本豊が「富有」の枝変わりとして発見し、昭和27年に命名した完全甘ガキ。熟期は「富有」より約2週間早く、果実特性は「富有」とほぼ同じです。

その他にも、完全甘ガキの「伊豆」（果樹研究所が育成）、完全渋ガキの「西条」（広島県原産）、「市田柿」（長野県原産）、多くの名前を持つ不完全渋ガキの「甲州百目」（蜂屋・富士など）などがあります。

3. 渋ガキはなぜ渋いの？

　カキの渋味は、果肉のタンニン細胞中の可溶性タンニンによるものです。若い果実や渋ガキを食べると、タンニン細胞が壊れ、可溶性タンニンが流れ出て舌のタンパク質と結合して、神経を刺激するためとされています。

4. 渋ガキの渋は抜ける？

　渋ガキを食べるには、樹上で完熟させて熟しガキにするか、さわしガキ（醂柿）または干しガキにします。

　さわしガキの脱渋法としては、40〜45℃のお湯に渋ガキを1晩漬けこむ湯抜き法が最も簡単ですが、味は水っぽくなります。

　現在、渋ガキの大量脱渋法としては、炭酸ガスで脱渋する方法（CTSD法）が商業用として普及しています。

　家庭で脱渋する方法としては、アルコール脱渋法が味も良くて簡単です。この方法は、渋ガキをビニル袋（ポリエチレン袋は通気性があるので厚めのものを使う）に入れ、25〜30％のアルコールを（焼酎でも可）ヘタを中心に噴霧し、1週間ほど密封しておきます。渋が抜けているかどうかは、ヘタの部分の果肉を少し削って食べてみると良いでしょう。

5. 干しガキの白い粉は、なに？

　干しガキは［あんぽ柿］と［ころ柿］に大別されます。

・［あんぽ柿］は、50％前後の水分を含み、表面は乾いているものの、内部は生乾きのものです。

・［ころ柿］は、果実の水分が25〜30％になるまで乾燥させたものです。干しガキの表面の白い粉は、乾燥に伴い果肉の糖が表面に

出てきたもので、ブドウ糖と果糖の混合物（6：1）が主成分です。

6．カキは欧米でもカキ（kaki）で通じる？

わが国の品種の多くが欧米に伝わっており、kaki で通じる場合が多いようです。学名でもカキのことを、Diospyros kaki Thunb.（神聖な食べ物・カキ）と言います。

ちなみに英語では、カキを Persimmon（パーシモン）と言います。

7．わが国から欧米へカキの渡来

欧米にカキが伝来した時期は定ではありませんが、明治時代以降にわが国の品種が多く伝わっています。当初、カキは［東洋のリンゴ］と呼ばれ期待されたものの、甘ガキと渋ガキとの区別、さらに適切な食べ方が分からなかったこともあり、大きな産業には発展しませんでした。しかし現在では、世界各国にカキ栽培は広がり、ブラジル、オーストラリア、ニュージーランド、イタリア、スペイン、イスラエルなどで栽培されています。渋ガキは、加工するのではなく、樹上または収穫後に軟化を進め、熟しガキとして食べる国が多いようです。

8．［柿の日］がある？

カキを詠んだ俳句としては、正岡子規の次の句が有名ですね。

　　　“柿くへば　鐘がなるなり　法隆寺”

この句は正岡子規が奈良の旅館に宿泊した時に詠んだもので、カキは「御所」という完全甘ガキであることが分かっています。

この句は、明治28年10月26日に作られたことから、毎年10月26日を［柿の日］とし、日本記念日協会から正式に認定されています。

なお、「御所」(別名、砂糖丸、大和御所、目黒御所、久佐衛門、キネリとも)は現在の奈良県御所市の原産で、1645年頃には既に近畿、東海地方で、広く栽培されていたと言われています。

9. 猿蟹合戦とカキ

　カキが出てくる童話と言えば『猿蟹合戦』でしょう。この物語が成立したのは、室町時代末期と言われています。この物語の中では、カニがカキの木に"早く実をつけないとハサミでちょん切るぞ"というセリフが出てきます。

　現在、果樹栽培において［環状剥皮］という方法があります。これは樹皮を数cm幅で、環状に一部あるいは全部はぎ取り、光合成によってできた光合成産物をはぎ取った位置よりも上の枝に蓄積させ、花芽の分化や花芽数の増加、果実肥大を促すという方法です。昔の人も、経験的に環状剥皮の効果を知っていたのかもしれませんね。

ブルーベリー

1. 樹種の来歴

　ブルーベリーは、ツツジ科スノキ属の落葉樹です。果樹として重要なものは次の三つです。

　米国原産のハイブッシュ・ブルーベリー(樹高1〜3mの種)とラビットアイ・ブルーベリー(樹高3mを超える種)。これらは共に栽培種です。もう1つは米国やカナダ原産のローブッシュ・ブルーベリー(樹高50cm以下の種)。こちらはワイルドブルーベリー(以下、ブルーベリーを省略します)と呼ばれ野生種です。

　わが国では昭和26年に、農林省北海道農業試験場がハイブッシュをマサチューセッツ農業試験場からに導入したのに始まります。

　寒冷地に最も適しているのがローブッシュで、次がハイブッシュです。そのため日本では北海道、東北、長野県などが適地です。ラビットアイはローブッシュ、ハイブッシュに比べて温暖な地に向いているので、関東以西の温暖な地域が適地となります。

　ブルーベリーは酸性の土壌を好むので、肥料には生理的酸性肥料を用いる必要があります。

　ブルーベリーという名は、果実が成熟すると、ブルーに着色するベリー類（果実が小粒で、食用にできる果樹）に由来します。

2．主な品種

あまつぶ星	群馬県の育成品種で、平成11年に品種登録。 熟期は7月中〜8月上旬から始まり、果皮は青色、果肉は白色、果実重1.9g、甘味・酸味は中程度で食べやすいでしょう。
じんば青	松澤孝の育成品種で、平成20年に品種登録。 熟期は7月上旬から始まり、果皮は濃青色、果肉は淡黄色、一番果は5gと大きく、甘味は中程度で酸味は低く、ジューシーで食べやすいでしょう。

3．選び方と保存方法

　果実に傷みがなく、粒が大きいこと。色が濃く、全面に色付き、果皮にハリがある果実を選びましょう。ブルームの付いている果実は新鮮です。湿気に弱いので水洗いせずに容器に入れて冷蔵し、食べる直前に軽く水洗いしてください。

4．機能性成分

　眼の健康維持・疲れの回復に有効とされる**アントシアニン**や、強い抗酸化力を持ち老化防止ビタミンとも呼ばれる**ビタミンE**、その他**ケルセチン、マンガン、レスベラトロール、プロアントシアニジン**を多く含んでいます。また、**不溶性食物繊維**は果物の中でも特に多く、便秘の改善に効果があります。

一口メモ

1．主な品種の続き

　日本に導入されているブルーベリーの品種は、100以上もあり、わが国の育成品種も群馬県育成の「おおつぶ星」など30余りあります。

2．ブルーベリーの果実は、ダラダラ熟すって、本当？

　本当です。大部分の栽培種は3〜5週間にわたって成熟するので、収穫は約5日間隔で着色の進んだ果実から収穫します。しかし、東京都農林総合研究センターの宮下千枝子らが、果房内の果実が一斉に成熟する系統を育成しています。

3. ブルーベリーは家庭果樹に最適！

　ブルーベリーは低木でブッシュ（株状）になるため、小さな庭でも栽培が可能です。しかも自家和合性の品種が多いため、１本でも実がなり、家庭果樹に適します。ただ、他家受粉すると果実が大きくなりやすいので、大きな実をつけたい場合は、他品種の混植を行うほうが良いでしょう。

4. 米国では幼児にアルファベットの B の文字を教えるのに、Blue berry という言葉を用いる

　1620年、メイフラワー号で米国建国の祖となった、イギリスからの移住者（清教徒）がアメリカの地にたどり着きました。米国北東部に移住した清教徒（16世紀後半、イギリス教会に反対して起こった新教徒の宗団）の人達が厳冬期の飢えを乗り越えられたのは、先住民から分けてもらったブルーベリーの乾燥果実やシロップのおかげであるとされています。つまり"ブルーベリー果実が先祖の命を救った"と言われるほど、米国の歴史の中でブルーベリーは大きな意義をもった果樹と言えます。そこで、その感謝の意を込めて、米国では幼児にアルファベットの B の文字を教えるのに、Blue berry という言葉を用いるのだと言います。

5. わが国にもブルーベリーの仲間があるって、本当？

　わが国の高山帯に自生する、クロマメノキ（浅間ブルーベリー）が、一部の愛好者にジャムなどに利用されています。その他、コケモモ、ナツハゼ、シャシャンボもブルーベリーの仲間です。

ビワ （枇杷）

1. 樹種の来歴

　ビワは、バラ科ビワ属の常緑樹です。原産地は中国の中・南部とされていましたが、大分・山口・福井県などにも野生種が見られることから、日本にも原生分布していたとされています。

　ビワという名称は、果実あるいは葉の形が、楽器の琵琶に似ていることに由来します。

　栽培は長崎県が特に多く、栽培には年平均気温が15℃以上、冬期の最低気温が－3℃以下に頻繁にならない温暖な地域が良いでしょう。

2. 主な品種

茂木	天保・弘化（1830～1848年）頃、中国領事が長崎代官所にビワを差し入れました。このビワが余りにも見事であったため、代官所で女中奉公をしていた三浦シオが、役人が食べた後に捨てた種子を拾って持ち帰り、茂木（現・長崎市北浦町）の自家の畑に播種し（まき）ました。これが数年後、見事な実をつけたのが「茂木」です。熟期は5月下旬～6月上旬、果実重は40g程度で、果形は長卵形、果皮は黄橙色、果肉は緻密で多汁です。糖度は11～12%で、酸味が少なく、味は良好です。

長崎早生（ながさきわせ）	長崎県が「茂木」に「本田早生」を交配し、昭和51年に登録。 熟期は「茂木」より約２週間早く、果実重は40〜45gで、果形は長卵形、果皮は黄橙色、果肉は軟らかく多汁で、糖度は12〜13%、甘酸適和し、香気があり、味は優れています。

その他の品種

「田中」は明治12年に長崎を旅行していた博物学者の田中芳男が、そこで出された大果の［唐ビワ］の種子を、東京の自宅に播種して得た偶発実生です。その他、千葉県が平成18年に登録したハウス栽培向きの３倍体無核品種「希房」などがあります。なお、「希房」は果実を肥大させるために、植物生育調節剤の処理が必要です。

3. 選び方や保存方法

ヘタがしっかりしている果実が新鮮です。黄色みが濃く、果皮にハリがあり、うぶ毛が密生し、左右対称に膨らんでいるものが良品です。ビワの汁は衣類につくとなかなかとれないので注意が必要です。

果皮を上手にむくには、果頂部からガク片（へた）の方に向かってむくと良いでしょう。逆側からむくと、すぐに皮が切れてしまいます。

果実はオウトウ（さくらんぼ）よりさらに冷蔵に弱く、冷蔵庫に入れるとしても２〜３時間が限度です。それ以上入れておくと先端の部分が黒ずんできますので、食べる直前に短時間冷やすにとどめましょう。

4. 機能性成分

　夜盲症の予防や骨の発育・機能の維持に効果が期待される**β-カロテン**などのプロビタミン**A**が特に多く、さらに**マグネシウム**、**マンガン**、様々な生理機能に関与し、妊婦・授乳婦、乳児に特に必要な**亜鉛**を多く含んでいます。抗酸化作用があり、細胞の老化を防ぎ、肝臓の脂肪を燃焼させる**クロロゲン酸**を多く含んでいます。

一口メモ

1. ビワ栽培の泣き所とは？

　ビワを栽培する上での大きな問題点は、袋掛けを行うことです。袋掛けは、モモチョッキリゾウムシなどの害虫を防除するほか、美しい果実を保つ（果面の灰白色のうぶ毛がとれてしまうと商品性が低下する）ためだけでなく、紫斑症（赤あざ）やしわ果の発生防止、雨による裂果防止などのために必要な作業です。

　さらに無袋で育てた果実は剥皮が難しく（皮がむきにくい）、食べにくくなることを防ぐためにも行われます。現在では無袋栽培は困難とされていますが、袋掛けには多大な労力が必要となり、規模拡大を妨げている一因です。

2. ビワは種子が大きく、果物の中では廃棄率が高いと言われているが？

　ビワは種子が大きいため、果物の中では廃棄率が高いという先入観を持っている人が多いと思います。実は、ビワの果肉歩合は70％で、イヨカンとバナナの60％より高いのですが、このことはあまり知られていません。

3. "ビワを家に植えると病人が絶えない"とはどういう意味？

　ビワは樹勢が強く、枝葉がすぐに繁茂するので手入れをしないと、家や庭の日当たりや風通しが悪くなります。そこで湿気も多くなるため、健康によくないというものです。もちろん、これは言わば迷信です。それほどビワの樹の生育は旺盛であることのたとえにすぎません。

4. ビワの葉は薬になるというのは、本当？

　ビワの葉をお風呂に浸けて入れば、アセモやカブレなどをおさえ、アトピー性皮膚炎にも有効とされています。お寺の境内などでビワの樹を見かけることがありますが、葉にはセキ止め、胃薬、利尿に効果があり、さらに種子にもセキ止め、去痰作用があり、かつては僧侶が民間薬として利用していました。江戸時代には、枇杷葉湯が夏バテ防止飲料として大道商人が売っていました。

5. ビワ酒とは、どんな酒？

　梅酒を作るように、ビワの果実を砂糖とともに焼酎に6か月ほど浸けます。その際注意すべきは、必ず種子ごと浸けること。そうしなければ薬用成分も香りも出ません。香りは、バラのような芳香です。一度試してみてはいかがでしょうか。

6. 種子で杏仁豆腐が作れる？

　ビワの種子を茹でて（これで含まれる青酸は揮散する）柔らかくして、すり鉢ですりつぶし、これに牛乳を加えよく混ぜ、寒天で固めると、本物とそっくりの杏仁豆腐ができます。試してみると面白いですよ。

7. 昔は枇杷をヒワとも呼んでいた？

　江戸時代には、枇杷の呼び名としてビワ、ヒワの両方があったようです。今も、ヒワと呼んでいる地域があるとも聞きます。長崎県のある枇杷栽培の長老が"ヒワは悲話につながるが、ビワは美話につながる。農家が丹精を込めて作った果実を悲話とするのはおかしい"と語った、という話があります。篤農家のビワへの深い愛情を示すエピソードとして、興味深いものがありますね。なお、今は枇杷の呼び名はすべてビワです。

キウイフルーツ

1. 樹種の来歴

　キウイフルーツは、マタタビ科マタタビ属のつる性落葉樹です。原産地は、中国長江中流域の山岳地帯とされています。ニュージーランドでは、アレキサンダー・アリソンが1906年に中国からキウイフルーツの種子を導入し、1910年に初結実しています。政府の強力な後押しと好適な気象条件があいまって、「ブルーノ」、「ヘイワード」、「アボット」などの大果系統を選抜し、1920年代に世界で初めて経済栽培が行われました。わが国では、昭和38年に工藤茂道がニュージーランドから種子を導入しています。

　キウイフルーツの中国名は獼猴桃（中国読みは、ミーホウタオ、サルに似た果実の意味）で、キウイフルーツという名はニュージーランドの会社が命名したものです（後述）。

　栽培は愛媛県が多く、次に福岡県、和歌山県など多くの県で栽培されています。栽培には4～10月の平均気温が19℃以上、冬期の最低温度が－7℃以下にならない地域が良いでしょう。

2. 主な品種

ヘイワード	ニュージーランドで育成され、収穫期は11月中旬です。果実重は100〜130gと大きく、果形は楕円形で扁平、果肉は淡い緑白色です。味は非常に良く、貯蔵性に優れます。
ホー16A（商品名：ゼスプリゴールド）	近年、ニュージーランドで育成され、収穫期は11月上〜中旬です。 短毛で、果実重は100g程度、果肉が黄色、甘味が強く低酸の品種です。当品種は、タンパク質分解酵素のアクチニジンが「ヘイワード」の1/7程度と、ゼラチンやタンパク質にはほとんど影響を及ぼしません。

その他の品種

　雌株品種として香川県育成の「香緑」、小林利夫が選抜した「レインボーレッド」、雄株品種としニュージーランド育成の「マツア」、「トリム」などがあります。

　キウイフルーツは、雄花と雌花が別々の樹に付く雌雄異株（しゆういしゆ）で、開花期が似た雄株を混植しないと、果実は結実しません。なお果実は収穫後、食べる前に追熟させる必要があります。

3. 選び方と保存について

　果実は硬く果皮に毛が密生し、大きく、楕円形の果実を選びましょう。なお、室温で追熟させて、少し弾力と柔らかさが感じられる

ようになったら食べる、または冷蔵してください。

4．機能性成分

　果実は、活性酸素の作用を抑制する抗酸化作用に優れる**ビタミンC**（69mg/100gと温州ミカンの約2倍を含み、1個で1日の必要量の70％が摂れる）・**ビタミンE**、さらに動脈硬化・心臓病・脳卒中を予防する**葉酸**、皮膚炎・口内炎・アレルギー症状を予防する**ビタミンB$_6$**、コレステロールを吸着・排泄して血中コレステロールの低下作用や便秘の改善に効果のある**食物繊維**、その他、**ビオチン、ルテイン・ゼアキサンチン、カリウム、カルシウム、リン、鉄、銅**を多く含みます。また、非常に強い抗変異原性（DNAや染色体などに作用して、ガンの原因となる突然変異を誘導する活性を抑制する性質）があり、ガンの予防に役立ちます。

一口メモ

1．キウイフルーツの名の由来

　キウイフルーツの英名は、チャイニーズ・グーズベリー（スグリ）と言います。しかしグーズベリーは果径1.5cmほどの小さい果実なので、"そんなに小さいものだと誤解されては困る"ということで、1959年にニュージーランドの大手輸出会社（Turners and Growers Ltd.）が、果実が国鳥のキウイに色も形も似ていることから、キウイフルーツと名付けました。現在では商品名であったキウイフルーツが、世界の共通語として用いられています。

2．キウイフルーツは樹上では熟さないというのは、本当？

　キウイフルーツは洋ナシ同様、木についている間はエチレンを生

成する能力がなく、樹上では成熟しません。収穫時の切断のショックでエチレンが発生する、あるいは人為的なエチレン処理により、初めてエチレン生成を開始して果実が成熟すると考えられています。また、果実が正常な発育をするためには、1果当たり600〜1300粒の種子が必要です。

3. キウイフルーツの名前のもとになった鳥って、どんな鳥？

ニュージーランド特産のニワトリ位の大きさの鳥で、羽色は褐色ないし灰色です。夜間に雄はキー・ウィーと鳴き、雌はクルルと鳴きます。キウイという名は、雄のこの鳴声に由来します。

飛ぶことはできず、よたよたしながら早く走ります。眼は幾分退化していますが、聴覚、嗅覚はよく発達しています。非常に臆病で、昼間は地下の穴などに住み、夜間に活動します。抱卵の期間は75〜77日で、雄だけで抱卵し、雄が雛に餌の獲り方を教えるという、女房孝行な鳥です。

4. キウイフルーツは猫を酔わせる？

キウイフルーツは、マタタビ科マタタビ属のつる性落葉樹です。実にはマタタビラクトンを含みます。この成分はマタタビ反応と称され、ある種のネコ科動物に麻酔性を示します。しかし、実際、猫にキウイフルーツを与えてみても、その効果は見られません。

5. 牛肉などにキウイフルーツの果実を挟んでおくと肉が軟らかく・美味しくなる？

キウイフルーツにはタンパク質分解酵素のアクチニジンが含まれているため、肉にふれれば肉質が軟らかくなります。日本人が軟ら

かい肉を好むことを聞きつけたニュージーランドは、果物としてよりこの用途のためにキウイフルーツを売ろうとしたという話もあります。しかし、果実は日本人のし好に合い、よく消費されており、わが国でも経済栽培が行われています。

　実際に、スライスした生果実を肉に挟んでおくだけで肉は軟らかくなり、風味が増します。牛肉に限らず、どの肉にも応用できますので、ぜひ一度試してみてください。

イチジク（無花果）

1．樹種の来歴

　イチジクは、クワ科イチジク属の落葉樹です。原産地は、アラビア南部とされています。名前の由来については、後述します。

　わが国には寛永年間（1624〜1644年）に中国を経て渡来したという説と、西洋・南洋から得た種子を長崎に植えたという説とがあります。

　明治時代初期にはイチジクの4品種が導入されています。明治時代末期に、主として米国から多くの品種を導入し、本格的な栽培は大正時代から始まりました。

　ちなみに中国あるいは西洋・南洋から渡来したイチジクを「蓬萊
柿
し
」と呼びます。

　（注）南洋：太平洋中、赤道の南北に沿う海洋及び島々。

　現在の栽培は愛知県、福岡県、和歌山県が多く、イチジクは比較的高温で降雨量が少ない気候を好み、わが国の経済栽培の北限は、東北南部とされています。

176

2．主な品種

　わが国で栽培されているイチジクは、果実の中に雌花のみを着生し、夏果、秋果ともに単為結果する品種です。

桝井ドーフィン	桝井光次郎が米国から導入した夏秋兼用種で、夏果の収穫期は7月上〜中旬、果実重は150〜200g です（着果の仕方は後述）。秋果の果実重は80〜110g で、甘味・酸味とも少なく、香りも少なく品質は中位です。
蓬萊柿	秋果専用種で、秋果の収穫期は長く9月上旬〜11月上旬まで続きます。果実重は60〜70g で、甘味は中程度、酸味はややあり、独特の爽快味があります。品質は中〜中の上です。土壌は中性に近いアルカリ性土壌を好みます。

●果実の着果の仕方

　春に伸長した新梢の基部2〜3節目以降の各節の葉腋に、順次果実が着果します。「桝井ドーフィン」では基部に近い果実は8月中旬に成熟し、順次先端に向かって10月下旬まで成熟していきます。これが秋果です。遅く着果した果実は低温のため落下し、先端の数個は芽の状態で越冬します。翌春にこれらの芽は生育を開始し、7月上〜中旬に成熟して夏果となります。

3．選び方と保存方法など

　果実全体に赤みがあり、締まっていてみずみずしく、果皮にハリがあり、大きいものを選びましょう。果実の先端部分が少し開き加減の果実が良いでしょう。日持ち性はあまりないので、早めに食べるのがコツです。

4．機能性成分

　果実は［不老長寿の薬］と言われるほど、色々な成分を含んでいます。骨の形成などに関与する**カルシウム**、心臓病・糖尿病・動脈硬化などの予防に効果のある**マグネシウム**、不足すると精神の不安定やけいれんを誘発する**ビタミン B$_6$**、痛風の原因となるプリン体を無毒化する**モリブデン**などを、多く含んでいます。

　果実や葉、枝の切り口から分泌する乳液には、フィシンという**タンパク質分解酵素**を含んでいます。乳液は、いぼの治療、痔の塗布薬に利用されます。果実を生食及び葉を煎用すると痔疾、胃薬、便秘に効果があり、また酒毒、魚毒を消すのにも薬効があります。葉は刻んで布袋に入れ浴槽に浸けて痔の治療に、乾燥果（ドライフルーツ）は緩下剤などとして用います。果実は、肉料理のデザートや、胃が弱っている時の食べ物としても適しています。

　健康に良い成分が多い反面、プソラレンという皮ふをおかす成分もあり、イチジクの汁を口のまわりに付けたままにしておくと、かゆくなったり傷ができたりしますので注意してください。

一口メモ

1．イチジクは［無花果］と書くが、花は無いの？

　漢字ではそのように書きますが、イチジクには花があります。果

178

皮の内側に内壁があり、内壁に多数の小花を着けます（これを隠頭花序という）。可食部は内壁と多数の小花で、小花は1果当たり2500個前後もあり、これらが開花します。中国において［無花果］という文字は、14世紀末に現れたと言われています。

2. イチジクという名の由来は？

　イチジクの呼び名は、中世ペルシア語 Anjir の中国での音訳語［映日果（インジークォ）］がさらに転音したものとされています。一説には、中国ではイチジクは1月に熟す果物ということで、わが国にもそのことが伝わり、［1月に熟す］が［1熟］となったという説もあります。

3. 果実の果頂部にオリーブを付けると果実が熟すって、本当？

　イチジク果実の成熟促進法は古くから知られており、果頂部にオリーブオイルを注入する方法は、BC3世紀頃、既にギリシャで行われていたとされています。現在は、エテフォン（エチレン発生剤）100〜300ppm を果面に散布または塗布する方法が行われており、熟期が7〜10日間促進できます。

4. わが国で "イチジクを屋敷に植えるな" と言われるのは、なぜ？

　その理由は、ビワと同じ。イチジクの大きな葉が日光をさえぎったり、根が広がって宅地内に入ったりするからです。また（見た目上）花が咲かないことから、家が栄えないとも言われています。

5. 聖母マリアとイチジク

　聖母マリアが幼児イエス・キリスト（BC4頃〜28年）を抱いて、

ユダヤからエジプトに逃れようとした時、ヘロデ王（BC74〜 BC 4
年、ユダヤの地を統治していた王）の軍隊に追われたので、イチジ
クの木の下に隠れました。すると、イチジクの枝が伸びてきて、マ
リア親子は身を隠すことができ、逃げ切ることに成功したという伝
承があります。

6. 古代オリンピックの競技者はイチジクと肉類しか食べなかった？

　古代ギリシャでは、イチジクは主要な食べ物の一つでした。乾燥
させたイチジクは、貴重な甘味資源だったのです。イチジクは糖質
とタンパク質分解酵素であるフィシンを含み、肉類とイチジクを食
べていれば、脂肪の少ない筋肉質の体質となり、体力や脚力を増進
できます。そのため、競技者はイチジクをこぞって食べたというこ
とです。

7. 古代のギリシャとペルシアの戦い（サラミスの戦い）はイチジ
　　クが原因だとか、本当？

　上の6.で記したように、イチジクと肉を食べると筋肉質の体質と
なり、屈強な兵隊を養い最強の軍隊を組織することが可能となると
考えたのでしょう。そこで、ペルシア王クセルクセス1世はこの目
的のために、イチジクの採れるギリシャのアッティカ地方の攻略を
行いましたが、サラミスの海戦（BC480年）でアテネのテミストク
レスに敗れています。

オリーブ

1. 樹種の来歴

　オリーブは、モクセイ科オリーブ属の常緑樹です。オリーブの原産地は、小アジア、北アフリカ、地中海東部の沿岸、など諸説があり不明です。

　わが国へのオリーブの導入については、安土・桃山時代にキリスト教伝導のために来日したポルトガル人神父が、オリーブオイルを携えてきたとされています。苗木は文久年間（1861〜1864年）に幕府医学所の医師・林洞海の意見によりフランスから導入し、横須賀に植えたのが最初とされていますが、結実を見ることなく終わっています。その後も数回にわたり苗木を導入し普及に努めていますが、定着していません。その主な理由は、果樹生理に対する知識が乏しかったためです。

　明治41年に農商務省が米国から導入した苗木を、三重県、香川県、鹿児島県に配布・試作しましたが、香川県小豆島だけが順調に生育しました。これが、わが国における経済栽培の最初の成功例です。

　オリーブ（olive）という名は、ラテン語の oleosus（油質の）から oliva を経て英語化したものです。

　現在の栽培面積は、香川県が多く、その他、熊本県、広島県などで少し栽培されています。

　オリーブは、香川県の県花・県木であり、イスラエルの国花、ギリシャ、ポルトガルの国樹です。

2. 主な品種

　現在の主な栽培品種は、スペイン系で米国育成の「ミッション」

（明治41年に農商務省が導入）、スペイン原産の「マンザニロ」（大正５年、米国在住の香川県の向井豊太郎が寄贈）、イタリア原産の「ルッカ」（昭和７年、香川県の岸本作太郎が米国から導入）などです。

　わが国での収穫期は「ミッション」の場合、グリーン・オリーブで10月下旬〜11月上旬、ライプ・オリーブで11月中〜下旬です。

3．選び方と利用

　果実にはオリュロペインという苦味成分が含まれており、果実は生食には適しません。塩蔵品やオリーブオイルとして、利用されています。塩蔵品には淡黄緑色になった未熟果を利用するグリーン・オリーブ（塩味と渋みがやや強い）と、紫色になった成熟果を利用するライプ・オリーブ（おだやかな風味）があります。

　生食しないこともあり、生の果実が流通することはほぼありませんが、塩蔵品や絞った油を利用する人は多いでしょう。

　新鮮で傷のない完熟果の果肉のみを、圧搾法で搾った油をバージンオイルと呼び、緑がかった淡黄色で特有の芳香があります。精製（脱酸、脱臭）しないで食用とされる最高級の油ですが、これはオリーブの100％フレッシュ・ジュースとも言えます。オリーブ油を口に含んだ時、ピリッとした苦味のあるものが最上品です。

4．機能性成分

　果実（塩蔵品）は、**一価不飽和脂肪酸のオレイン酸**が60〜80％と多いのが特徴です。不飽和脂肪酸は、血漿コレステロール濃度の上昇を抑制します。さらに、**不溶性食物繊維、ビタミン B_2、ビタミンE、カルシウム、鉄、亜鉛、銅**を多く含みます。

一口メモ

1. 当初、わが国でオリーブを栽培する目的は何だった？

　日清・日露戦争で確保した広大な漁場から獲れる魚類を、缶詰加工するためにオリーブ油が必要でした。その缶詰を輸出して、外貨を獲得するためであったとされています。

2. 古代ローマとオリーブ

　古代ローマでは、オリーブの枝は平和と豊穣の象徴でした。和平を求める敗者は、オリーブの枝を勝者に捧げました。また祝宴の席では、花嫁がオリーブのリース（枝輪）を身に着けたと言います。

3. アテネとオリーブ

　ギリシャ神話では、学問・技芸・知恵などをつかさどる女神アテネと、海神ポセイドン（ゼウスの兄）が、ギリシャにある一つの都市の支配権を争った時、神々は相談の結果、人間に最も役に立つものを創造した者に、その都市を与えることに決めました。アテネは、"夜を照らす炎を与え、傷を癒すことができて、香りが良く、活力の源となるオリーブ"を、ポセイドンは、"足が速く、重い戦闘馬車がひけ、戦いで勝利をもたらす馬"を作りました。神々は、オリーブの方が重要であると判断し、アテネに彼女の名を冠した［アテネ］を与えました。それが今日のギリシャの首都アテネの由来です。

　古代ギリシャでは、オリーブは痛みを予防・軽減するという信仰から、"神の慈愛の象徴"とされています。

4. 旧約聖書のノアの箱舟とオリーブ

　『旧約聖書』の創世記に出てくるエピソードの中でも、［ノアの箱

舟］は有名ですね。イスラエル民族の太祖の一人であるノアは、人々が堕落した中にあっても正しい生活を送っていたため、神の特別なお告げによって、大洪水が近いことを知ります。そこでノアは箱舟を作り、家族8人と幾組かのつがいの動物たちと共に箱舟に乗り込みました。大洪水により、多くの生き物は死にましたが、箱舟に乗ったノアの家族と動物は生き残りました。ノアは、箱舟からカラスを放しましたが戻らなかったので、次に鳩を放しました。放した鳩が、緑のオリーブの小枝をくわえて箱舟に戻ってきたので、ノアは洪水が終わり、神と人間との間に再び平和が戻ったことを知ることができました。

　大洪水は、堕落した人間（アダムとイブが［禁断の木の実］を食べたこと）に対する、神の怒りを表していると考えられています。以来、オリーブは平和の象徴とされ、国際連合では平和のシンボルとして地球をオリーブの枝で囲んだ旗章を国連旗として掲げています。オリーブの花言葉は、［平和］です。

アボカド

1. 樹種の来歴

　野菜のように扱われているアボカドは、クスノキ科ワニナシ属の常緑樹です。アボカドの原産地は、中央アメリカからメキシコ南部とされていますが、詳細な記録は見つかっていません。

　英名のアボカド（avocado）は、メキシコの先住民アステカ属がアボカドを ahuacatl（［生命の泉・果実］の意）と言っていたのを、スペイン人が aguacate と書いたのに始まり、フランス語の avocat などを経て導かれたとされています。

　わが国には、昭和12〜13年頃、和歌山県の土居春作・種吉兄弟が、カリフォルニア州より導入し栽培を試みました。亜熱帯果樹であるため、わが国での適地は制限されており、栽培の北限は伊豆半島で、西南暖地の無霜地帯なら栽培可能ですが、栽培は広がっておらず、今も沖縄県に3ha前後ある程度です。

2. 主な品種

　アボカドの栽培種には、果実が250g以下と小さいメキシコ系、600gを超える大きいグアテマラ系、両者の中間の大きさの西インド系があります。

　わが国での栽培に適す品種としては、耐寒性と果実の食味の点から、メキシコ系とグアテマラ系の交配品種である「フェルテ」などが良いとされています。わが国における収穫時期は、「フェルテ」で11〜5月で、霜害を受ける地域では1月までに収穫します。

3. 選び方

　涙のような形をしていて果皮にしわがなく、ツヤがあり、果皮が浮いていないものを選びましょう。緑がかった果皮が黒色に近くなり、触ってみて柔らかい感触が出てきた頃が食べ頃です。

4. 機能性成分

　果肉は**タンパク質**（2.0〜2.7%）と**脂質**（多い品種で約30%）に富み、"森のバター"や"チーズの果物"とも言われています。脂質の80%以上は**オレイン酸、リノール酸**などの良質の**不飽和脂肪酸**なので、コレステロールの蓄積を心配せずに食べることができます。

　果肉には、**食物繊維、ビタミンB$_1$、ビタミンB$_2$、ビタミンB$_6$、**

ナイアシン、葉酸、ビタミンE、パントテン酸、ビオチン、カリウム、マグネシウム、リン、鉄、銅、亜鉛、マンガンを多く含み、特に、カリウムは果肉100g中に平均で720mgと、バナナ360mgの2倍含んでいます。果皮、葉、種子などには、抗生物質などの薬用成分を含むため、薬用としての利用もあります。

一口メモ

1. 果実を低温で貯蔵すると、追熟しなくなる？

収穫後、7℃の低温下に置くと、約1か月間は貯蔵できます。しかし4℃以下の低温に長く置くと、果実が低温障害を起こし、果皮が変色したり、正常に追熟しなくなります。

2. アボカドはギネスブックに登録されている？

アボカド果実100g中のカロリーは136kcalで、［最も栄養価が高い果実］としてギネスブックに登録されています。

3. ［青トロ］って何？

冷やした果肉をさしみのように切って、ワサビ醤油につけて食べると、マグロのトロのような風味があり、マグロのトロをもじって、［青トロ］と呼んでいます。巻き寿司などに使われているのを見たことがある人もいるでしょう。

4. 果実の切り方

ナイフを果皮の上から種子の深さまで入れます。種子に沿ってグルリと円状に切り込みを入れる（左右の実を手でひねるようにする）と、二つに割れます。どちらか一方に種子が付いているので、

これを除き、スプーンですくって食べます。なお、欧米には、種を取り除いて果肉だけをスライスする、専用のキッチンツールもあります。

5. アボガドの種子で観賞用植物を育てよう

アボカドの種子を水洗いして果肉を取り除き、種子の横腹にツマヨウジを3〜4方から刺します。水を入れたコップに、種子の尖った方を上にして、種子の底部が水に漬かるように置きます。2〜3週間で出根・発芽し、観賞用植物として楽しめます。

パイナップル

1. 樹種の来歴

パイナップルは、パイナップル科アナナス属の多年生草本です。原産地は、南アメリカのオリノコ川流域、あるいはブラジル中・南部からパラグアイにかけてと言われています。しかし、原産地のパイナップルが真の野生種かどうかは不明、とする説もあります。

パイナップルの名の由来は、新大陸へ渡ったスペイン人が［松かさ］に似た果物を見て pina（ピナ、またはピニャ）と呼び、それが英語化して pine（パイン＝松）となり、apple（リンゴではなく、ヨーロッパでは果物の総称）を付して、pineapple（パイナップル）になったとされています。

わが国へは、天保元年（1830年）に小笠原諸島の父島に植えられたのが最初とも、弘化2年（1845年）に座礁したオランダ船により、琉球の石垣島に伝えられたとも言われています。現在の栽培は、沖縄県でごくわずか、鹿児島県でも行われています。

2．主な品種

　わが国の主要品種は、沖縄県がハワイから導入した品種群から選抜し、昭和60年に登録した生食・加工兼用種の「N67-10」が大半を占めています。次に多いのが台湾原産で戦後に導入した生食用の「ボゴール」です。その他、沖縄県育成の「ソフトタッチ」（平成8年登録）・「サマーゴールド」（平成16年登録）があり、食味は極めて良好なため、今後の増殖が期待されます。

3．選び方

　凸凹した表面の溝に、緑色が残っている果実が新鮮です。溝が深く、全体的に赤みがあり、ツヤのあるものが良品です。葉に近い部分より逆の果頂部の方が甘いので、果頂部が大きく、かつズッシリと重みのあるものが良いでしょう。葉が長く、枯れている果実は良くありません。

4．機能性成分

　果肉はタンパク質分解酵素の**プロメライン**を含み、この酵素は、肉類を食べる時に消化を助けます。果肉は、**マンガン**を特に多く、**マグネシウム**、**銅**を多く含みます。

一口メモ

1．ゼラチンを使ってパイナップルのゼリーを作るには？

　パイナップルの生果やそのジュースを使ってゼリーを作ろうとしても、タンパク質分解酵素プロメラインの働きでゼラチンが分解されて固まりません。ゼラチンの代わりに食物繊維の寒天を使うか、あるいは生果や生ジュースに火を通して酵素の働きを止めてから用

いるか、缶詰のパイナップルを使用します。

2. 果皮の凸凹したものは、なに？

　果皮は、花のガクが発達してできた五角形の硬化した部分が集まったものです。

3. パイナップルの光合成

　植物は、葉で二酸化炭素と水から炭水化物を合成する光合成を行っています。しかし、光合成の経路は植物によって異なり、次の3種類があります。

C_3植物

　普通の光合成を行うもので、大半の植物がこれに属します。なお、C_3植物では、光合成と同時に光呼吸という酸素を吸収し、二酸化炭素を出す、光合成とは逆の呼吸も行っています。光合成が盛んになるほど光呼吸も活発になり、光合成は頭打ちになります。

C_4植物

　C_3植物とは異なり、光呼吸を行わず、光合成能力が非常に高い経路をもつ植物です。サトウキビ、トウモロコシなどがこれに属します。

CAM植物

　水分の損失を防ぐために昼間は気孔を閉じ、気温が下がった夜間に気孔を開き、二酸化炭素を取り込み有機酸まで合成し、昼間に有機酸を炭水化物に変える植物で、パイナップル、サボテンなどの乾燥地帯の植物がこれに属します。

4. スペインへの導入秘話

　1493年、カリブ人が祭りの生贄にするための、去勢された少年2人と15〜16歳の美しい少女12人の命を救い、スペインに連れ帰ったスペイン人が、その時にパイナップルの果実も同時に持ち帰ったとされています。

5. 鳳梨（ほうり）とは

　中国や台湾ではパイナップルのことを鳳梨^{ほうり}と言います。これは、果実の冠芽が鳳（古来中国で尊ばれた想像上のめでたい鳥。鳳凰が有名）の尾に似ているため。これに［梨］の語を付けたのは、果面が鱗状で梨に似ていることに由来します。

●人為的な花芽分化

　パイナップルでは、アセチレンやエスレル（エテフォンの商品名：エチレン発生剤）、ナフタレン酢酸（NAA、オーキシン活性を示す）を用いて、人為的に花芽分化を起こさせ、1年中いつでも果実をならせることができます。処理後45日ほどで開花し、さらに6か月後には収穫が可能になります。

バナナ

1. 樹種の来歴

　バナナは、バショウ科バショウ属の多年生草本で、現在、経済栽培されている食用バナナの原種は、ムサ・アクミナータとムサ・バルビシアーナです。ムサ・アクミナータの原産地はマレー半島、ムサ・バルビシアーナの原産地はインド、フィリピンなどと言われて

います。

バナナ（banana）という言葉は、西アフリカのギニア語から、スペイン語（banano）を経て広まったと言われています。

沖縄県では1500年代には既にバナナの栽培があったとも言われていますが、明治21年（1888年）に小笠原諸島から在来の品種を導入しており、おそらくこの頃から栽培が始まったのではないかと想像されています。1910年代に台湾から3倍体の「北蕉」、「仙人蕉」などの品種を導入しています。

バナナの栽培には15℃以上の気温が必要で、10℃で生育が停止し、5℃以下になると寒害を受けます。栽培には高温（25〜30℃）で、年間平均気温が22℃以上、四季の変化の少ない、湿度の高い気候を好みます。

現在の栽培は鹿児島県と沖縄県で行われています。

2. 主な品種

バナナには、多くの品種があります。前述した「北蕉」や「仙人蕉」は、果指は中〜大、果皮は厚く黄色、果肉は薄いクリーム色で軟らかく甘い品種です。その他、果皮が赤い「モラード」、果指が小さいモンキーバナナなどがあります。

3. 選び方

軸の近くに傷んだ部分があるバナナは、良くありません。房が揃い、果指が丸みを帯びたものを選びましょう。四角ばったバナナは未熟であり、追熟させてもあまり美味しくなりません。ところどころに斑点（シュガースポッツとも呼ばれる）が出ているバナナは、うまく追熟されている証拠で、美味しいでしょう。バナナは身体を

冷やすので、冷え性の人は乾燥果（ドライフルーツやバナナチップ
ス）が良いでしょう。

4．機能性成分

　果肉に多く含まれる**フラクトオリゴ糖**は、ビフィズス菌などの有
用菌を増やすとともに、腸の蠕動運動を刺激して便秘の改善効果が
あります。また、**ビタミン B$_2$**、**ナイアシン**、**ビオチン**、**パントテ
ン酸**、**リン**、**鉄**、**マグネシウム**、**亜鉛**、**マンガン**、**モリブデン**、**ケ
ルセチン**、**プロアントシアニジン**を多く含みます。特に、**ビタミン
B$_6$**（0.38mg/100g）と**カリウム**（360mg/100g）は多く、バナナは
栄養素の宝庫と言えます。

一口メモ

1．バナナの種類

　バナナは大きく３種類に分類できます。

　甘味があって生食に適すミバショウとテイキャクミバショウ（草
丈が低いことが特徴で、果実はミバショウと変わらないが、果皮が
薄い）、デンプン質で甘味が少ないリョウリバショウ（プランティ
ンとも）の３種類です。それぞれに多くの品種がありますが、ミバ
ショウは栽培面積が最も多く、バナナの代表種です。

2．バナナの利用と取り扱い方

　バナナの果実は生食の他、ジュース、バナナチップス、乾果、乾
燥粉末などに利用されます。果実には酵母菌が含まれているので、
果実を発酵させた酒類も製造されています。

　バナナは冷蔵すると果皮や果肉が褐変します。貯蔵適温は14℃前

後です。しかし、バナナは果糖を含んでいるので、食べる直前に短時間冷蔵庫に入れた方が甘味が増します。輸送する時は、熟度が進むと果皮が割れやすくなるため、緑色段階で収穫し追熟させます。

3. バナナの切り口は十字架に見える

カナリア諸島では、バナナの切り口が十字架模様に見えることから、バナナを輪切りにしないとか。

4. "芭蕉のごとく" とは

バナナは葉鞘が重なり合い茎を形成します。ただ、葉鞘をどんどんはいでいくと、茎はなくなってしまいます。つまり、存在しているように見えても、実体は［無］であることを説くための比喩として、"芭蕉のごとく" という言葉があります。

5. フィリピンの民話

フィリピンには、バナナは愛の贈り物という民話があります。昔、村の乙女に森の精が恋をしました。楽しく過ごすうちに別れの時がきて、森の精は乙女に、自分の片腕を残して去って行きました。乙女は悲しみながら、その腕を地に埋めました。すると、木が生えてきて、手が幾つも重なったような果実がなりました。これがバナナです。

マンゴー

1. 樹種の来歴

マンゴーは、ウルシ科マンゴー属の常緑樹です。原産地は北部イ

ンドからミャンマー、マレー半島にかけての地域とされていますが、あまりにも古い果樹であるため、確たる原産地は明らかではありません。

英名のmangoは南インドのタミル語のmankay、マレー語のmanggaなどに由来し、これがポルトガル語のmangaを経て、mangoになったとされています。

わが国へは明治時代に現沖縄県農業試験場に、大正時代には鹿児島県に導入されています。

生育適温は25～28℃で、順調な生育には18℃以上が望ましく、1～2℃の低温にも耐えますが霜には弱いとされています。わが国でこの条件に合う地域は奄美大島以南や小笠原諸島しかありません。

それ以外の地域では露地栽培は困難で、施設栽培をする必要があります。わが国では「アーウイン」という品種が栽培されており、栽培面積は沖縄県が最も多く、次が宮崎県、鹿児島県で、その他数県で栽培されています。また、北海道でもハウスで2ha前後栽培されています。

2. 主な品種

| アーウイン | 米国フロリダ州において、1949年に命名。収穫後の日持ちが悪いこと、耐病性が低いこと、糖度が低いことでフロリダ州では淘汰された品種です。しかし、台湾に導入され、繊維のなさ、まろやかな風味が当地で受け入れられ、その後、沖縄県、鹿児島県、宮崎県などに入りました。 |

　わが国における「アーウイン」の熟期は7月中旬～8月中旬で、果実は長卵形で450g前後、果皮は鮮紅色となり、果肉は橙黄色で果汁に富み、繊維はほとんどありません。糖度は14％前後で、香りも日本人好みです。

3．選び方

　ヘタの部分が少し凹み、周囲が盛り上がり、果皮にツヤやハリがあり、香りが強く、傷や黒斑のないものを選びましょう。特に、大きな黒斑は炭そ病（糸状菌）に由来し、果肉まで侵入しています。甘い香りがして、触ってみて柔らかい感触が出てきたら食べ頃です。

4．機能性成分

　マンゴーは、各種の健康機能性成分を含んでいます。身体の正常な発育の維持に必要な**ビタミンB₂**、不足すると精神の不安定を誘発したり、貧血・皮膚炎を起こす**ビタミンB₆**、アセトアルデヒドを分解し二日酔を緩和する**ナイアシン**、活性酸素を除去する**銅**、その他**葉酸**、**ビタミンE**、**β-カロテン**を多く含みます。

一口メモ

1．主な品種の続き

　マンゴーは極めて古い果樹であり、非常に多くの品種があります。わが国へはフィリピンの代表的品種である黄実系の「カラバオ」がペリカンマンゴーの商品名で、さらに米国で選抜された赤実系の「ヘイデン」、「ケント」などがメキシコから、カリフォルニア州から緑実系の「キーツ」などが輸入されています。

2. アップルマンゴーとは、品種名なの？

　品種名ではありません。リンゴのように、赤く熟すマンゴーの総称です。「ヘイデン」、「ケント」、「アーウイン」などが、これに属します。

3. マンゴーの利用方法

　果実は生食するほか、ジャム、ジュース、乾燥果などとして利用します。未熟果は、ピクルスなどにも加工されます。加工の際に廃棄する果皮には良質のペクチンを含むので、抽出して粉末ペクチンとしても利用されています。花はタンニンを15％も含んでおり、なめし革用に使用します。ジャワやフィリピンでは、花や若葉を、野菜代わりに料理に用います。

4. マンゴーを食べると、口の周りがかゆくなる人がいるのは、なぜ？

　マンゴーはウルシ科に属すので、肌の弱い人は食べる際に、稀にかぶれることがあります。やむを得ずかぶれてしまった時の対処法としては、冷水や氷などを使って患部の熱を冷やし、早めに医療機関を受診してください。

5. マンゴーの上品な食べ方は？

　果実を扁平な種子に沿って3枚におろし、両側の果肉はスプーンですくって食べるか、果肉に碁盤の目のように切り目を入れてひっくり返すと、食べやすくなります。中央の部分は果皮を剥ぎ取り、種子をつまんで食べれば、上品に食べることができます。

6. マンゴーとお釈迦さまの深い関係とは？

釈迦がマンゴーの樹下で野宿をしたり、布教活動をしたと伝えられており、仏教徒には聖樹とされています。インドボダイジュ、サラノキ、ムユウジュ、エンジュ、マンゴーは［仏教五木］として尊ばれています。また、花は無数に咲くが、結実の少ないことから、"悟りの困難さを示唆する木" ともされています。実際は1花序に数百個の小花を付けますが、結実するのは1〜数個です。

7. サンスクリット語のamraとは

サンスクリット語（古代インドで文章を書く時に使う言葉）で、マンゴーのことをamraと言います。この言葉は、人や物に対して敬愛の念を表す接頭語としても使われます。つまりインド人にとって、マンゴーは敬愛を表す果物として崇拝されていたことを示しています。

●野菜に分類される "果物"

ここまで数々の果物の樹種の来歴、品種、成分、上手な選び方や活かし方について紹介してきました。

お気づきの方も多いと思いますが、これらはすべて「樹木」になる「果実」です。序章で、果物と果実はどう違うのかについて触れましたが、言葉としての違いのほかに、分類上の違いも存在します。

日本では果物＝「木になる実」を指します。普段、消費者が果物として扱っているメロンやスイカ、イチゴは、野菜に分類されるのです。

とはいうものの、それはあくまで分類の問題。依然としてみなさんはイチゴやメロン、スイカを「果物」「フルーツ」としてとらえ

るでしょうし、それらについての情報も欲しいと思われるでしょう。

　ここからは「果物として人気が高い野菜」、イチゴ、メロン、スイカについて解説します。

イチゴ（苺）

1. 樹種の来歴

　イチゴはバラ科の植物です。野生のイチゴは、アフリカとオーストラリア／ニュージーランドを除く大陸で生育しています。石器時代のころから食べられていましたが、甘味が少なく小粒でした。現在、私たちが食べているイチゴは、北アメリカの種と南アメリカの種の自然交雑から生まれました。

　北アメリカの先住民族は野生のイチゴを料理に使用していました。それを知ったアメリカにやってきた入植者は、赤が濃く甘味の多い東部バージニアのイチゴ（Fragaria virginiana：バージニアイチゴ）を選んでヨーロッパの母国に送りました。このことはイチゴの歴史の重要な第一のパーツです。

　南アメリカ、チリの先住民族は、スペイン人に土地を征服される16世紀中頃まで、イチゴを栽培していました。1700年代初頭、フランスの Amédée-François Frézier（1682〜1773年）が、チリでこれまで見たこともない大きなイチゴ（F. chiloensis：チリイチゴ）を発見し、このイチゴをフランスに持ち帰りました（文献1）。しかし、このイチゴは繁殖したのですが実を結びませんでした。当時は誰もなぜ実を結ばないかを知りませんでした。これが、イチゴが生まれるための二つ目のパーツです。

　18世紀中頃、フランスのガーデナーが、たまたまチリイチゴとバ

ージニアイチゴを並べて植えたところ、チリイチゴに大きな果実が実ることを偶然見つけました（文献1）。大きいが比較的味のないチリイチゴを甘いバージニアイチゴの隣に置くと、驚くべきことに、大きくて美味しい果物が実りました。この発見がイチゴ誕生の最後のパーツです。

　その後まもなく、イチゴに興味を持ったフランスの植物学者 Antoine Nicolas Duchesne（1747〜1827年）が、イチゴの育種の研究を始めました。1766年、雌のチリイチゴ、雄のバージニアイチゴによって受粉できることを発見しました。チリイチゴはすべて雌性で、種子を作るためには他のイチゴの花粉が必要だったのです。こうして、今のようなイチゴが新しく誕生しました。

　日本へイチゴが伝来したのは江戸時代末期で、オランダから長崎にもたらされたことからオランダイチゴと呼ばれています。明治時代から大正時代に、現在の新宿御苑でイチゴの品種改良に取り組んだ福羽逸人（1856〜1921年）によって選抜され「福羽（ふくば）」は大きくて、味の良い品種が育成されました。日本のイチゴの元祖とされています。

2. 主な品種

○　とよのか

　「とよのか」は、「ひみこ」に「はるのか」を交配して育成された品種で、大粒で酸味が少なく甘くジューシーです。果実は外観がよく、甘味強く、芳香が極めて優れており、早期収量の多い早出し可能な品種です。果形は円錐、果実の大きさは大、果皮色は鮮紅、果の光沢は良、果肉色は黄白、果心の色は白です。

　「とよのか」は、旧農林水産省野菜試験場久留米支場（現・（独）

農研機構九州沖縄農業研究センター）で育成され、1984年に品種登録されました。東日本で生産量の多い「女峰」を東の横綱、西日本で生産量の多い「とよのか」を西の横綱と称されてきました。

○　女峰（にょほう）
　「女峰」の果実の大きさは中くらいで、果実は硬く、果皮は濃い赤色で美しく、香気があり多汁です。甘味と酸味をしっかり感じられ、深みのある味わいです。果肉も赤く、可溶性固形物含量も多く含まれています。
　「女峰」は、栃木県農業試験場が、「はるのか」、「ダナー」、「麗紅」を育種素材として選抜育成した品種で、1985年に品種登録されました。「女峰」は東の横綱、「とよのか」は西の横綱と称されています。

○　とちおとめ
　「とちおとめ」は形は円錐形で大きく、果皮は、赤みが色鮮やかで、光沢が良く、果肉も赤い品種です。糖度が高く、ほどよい酸味があり、果汁も豊富です。果実がしっかりしているので、比較的日持ちがよいのが特長です。
　「とちおとめ」は、栃木県農業試験場が「久留米49号」と「栃の峰」を交配して選抜育成した品種で、1996年に品種登録されました。食味のよさと収穫量の多さが特長で、「女峰」に代わる魅力的な品種です。

○　あまおう
　“あまおう”の品種名は、「福岡Ｓ６号」で、“あまおう”は商標

名です。福岡県のブランド戦略に基づいて、「福岡S6号」を“あまおう”の商標で販売しています。従って、“あまおう”の名前を冠する様々な商品に商標権が認められています。

　「福岡S6号」は、福岡県農業総合試験場園芸研究所において「久留米53号」と「92-46」を交配して育成された品種で、2005年に品種登録されました。

　“あまおう”は全国で親しまれてきた「とよのか」に代わるイチゴとして、日本一を目指して作られ、果実が大きく形が整っている、赤くてツヤが良い、糖度が高いなどの特徴があります。

○　章姫（あきひめ）

　“あきひめ”は販売名で、正式品種名は「章姫」で、読みが〈あきひめ〉です。果実は大果で促成栽培向きの品種です。果実の光沢は良く、果皮色は濃橙赤色です。果実の形は円錐形で、硬さは中位の柔らかさで口当たりが良く、可溶性固形物含量が多く、酸度はかなり少ないので、甘味を強く感じます。

　静岡県の萩原和弘氏が育成し、1992年に品種登録した「章姫」の交配組合せは、「久能早生」と「女峰」です。「久能早生」、「女峰」と比較して、酸度が低いのが特徴です。

○　紅ほっぺ

　「紅ほっぺ」の果実は大きく、光沢も良く、果皮色と果肉色は鮮赤色です。香りがあり、甘味が強く酸味もやや強いので、甘酸っぱいのが特長です。果実はやや硬く、可溶性固形物含量が多く、日持ちは比較的長いのが長所です。

　「紅ほっぺ」は、静岡県農林技術研究所（旧静岡県農業試験場）

が「章姫」に「さちのか」を交配して育成した促成栽培に向く品種で、2002年に品種登録されました。「さちのか」と比較して、果実が大きいなどの特長があります。

○　ゆうべに

　熊本県農産園芸研究所が育成した“ゆうべに”の正式品種名は、「熊本 VS03」で、“ゆうべに”は、販売戦略に基づく商標（愛称）です。「ひのしずく」と「さがほのか」の子孫である「07-13-1」と「かおり野」を交配して育成した品種（文献2）で、2017年に品種登録されました。

　“ゆうべに”は、甘酸のバランスがよく濃厚な味がします。果実には光沢があり、果皮色は赤色です。果肉は硬めで輸送性に優れています。イチゴの需要が多い12月頃の収穫量が多いのも特長の一つです。

3. 選び方

　果実全体が赤く着色していてツヤがあり、果皮の表面のつぶつぶ（種子）がくっきりしていて、へたが濃い緑色のもので、イチゴ特有の甘い香りがするものが完熟したイチゴです。糖度が高いのは、果実の先端部分、ヘタの反対側です。日持ち性はあまりないので早めに食べましょう。

4. 機能性成分

　イチゴには、水溶性のビタミンCが100g中に62mgと豊富です。ビタミンCの成人の一日の摂取推奨量は100mgですから、イチゴを5〜6個食べるだけで十分な量が満たせます。抗酸化力を持つ脂溶性ビタミンであるビタミンE（α-トコフェロールとして

0.4mg/100g）も豊富で、ビタミンCとビタミンEを一緒に摂取すると相乗的な抗酸化効果を示すことが知られています。妊婦や妊娠を予定している女性に必須の**葉酸**（90μg/100g）も多く含まれています。イチゴには**食物繊維**が100g当たり1.4gも含まれています。ジャムを作るのに必要な成分である**ペクチン**など水溶性食物繊維や不溶性食物繊維が豊富なので、便秘や高脂血症の予防効果も期待できます。イチゴ果実の赤い色は、**アントシアニン**です。アントシアニンは強い抗酸化作用を示します。

　イチゴに、なぜビタミンCが多いのかに関する研究が行われました。既に、植物ではビタミンCはガラクトースから合成される経路が知られていますが、イチゴでは、この経路とともに、水溶性食物繊維であるペクチンからも作られることが明らかとなりました（文献3）。果実が熟すと可溶化してくるペクチンが加水分解されてガラクツロン酸が生成し、ガラクツロン酸レダクターゼという酵素を介してビタミンCが生合成されることが解明されました。

一口メモ

1. オランダイチゴとは

　江戸末期（1840年代頃）、オランダから渡来した西洋のイチゴをオランダイチゴと呼び、わが国に自生するヘビイチゴなどと区別しています。当時は、観葉植物として育てられていたようです。現在では、オランダイチゴを単にイチゴ、あるいはストロベリーと呼んでいます。現在栽培されているイチゴは、北アメリカのバージニアイチゴと南アメリカのチリイチゴがフランスで自然交配して生まれた雑種が起源です。従って、イチゴの原産地は、フランスで、オランダとする記述は誤りです。

2. 清少納言「枕草子」とイチゴ

　平安時代の「枕草子」（清少納言：966年頃～1025年頃）に、「あてなるもの（上品なもの）」として、子供の食べていた小さな野イチゴが登場します。

　（原文）いみじう美しき児の覆盆子くひたる。

　（現代語訳）可愛らしい子供がイチゴを食べている様子。

　原文の「覆盆子」の読みは、「ふくぼんし」でイチゴのことです。

3. イチゴはベリー類ではない？

　ブルーベリーなどとともにイチゴはベリー類に含まれていますが、植物学的には両者に違いがあります。イチゴは偽果で、ブルーベリーなどは漿果（しょうか）です。

　花の種子と子房が成熟してできる果実を真果（しんか）と言います。しかし、子房に、花の子房以外の部分、例えば花托（かたく）、が付随して、あるいは、大部分を占めて一体化し、果実のように見えるものを偽果（イチゴなど）と言います。さらに、真果の中を①果皮が多汁、多肉のものを液果、②乾燥したものを乾果に分け、液果の中に漿果（ブルーベリーなど）が含まれています。

　まとめると、イチゴは花托が発達した偽果で、ブルーベリーなど漿果は子房が発達した真果ですが、どちらも果皮が薄く多汁なので一般的には同じベリー類に分類されています。

4. スパイとイチゴ

　現在の栽培イチゴが生まれるきっかけの一つは、チリで見つけられた大きなチリイチゴをフランスに持ってきたことです。　1700年代初頭、軍人で植物学者のアメデ＝フランソワ・フレジエ

（Amédée-François Frézier）は、フランス政府の命を受けて、当時スペインが支配していたチリの砦の詳細な地図を秘密裏に作成していたときに、これまで見たこともない大きなイチゴ（チリイチゴ）を発見し、このイチゴをフランスに持ち帰りました。「果実はクルミや鶏の卵と同じくらい大きい…」と記述しています。

5.「イチゴ白書」のタイトルのいわれ

　子供たちは、赤くて甘く、ジューシーなイチゴが大好きです。そのため、イチゴは子供のたとえに使われます。学生運動を描いた衝撃的なラストシーンが有名な映画「いちご白書」のタイトルは、アメリカ・コロンビア大学の管理者が、大学の運営に抗議する学生を評して、「考え方が、イチゴの好きな子供たちレベル」と言ったことに由来しています。

【参考文献】

1) Pincot, D. D. A. et al.: Social network analysis of the genealogy of strawberry: retracing the wild roots of heirloom and modern cultivars. G 3 （Bethesda）. 11: jkab015.（2021）

2) 坂本豊房ら. 促成栽培用イチゴ品種「熊本VS03」の育成. 熊本県農業研究センター研究報告. 23：10-16. （2016）

3) Agius F. et al.: Engineering increased vitamin C levels in plants by overexpression of a D-galacturonic acid reductase. Nature Biotech. 21:177（2003）

1. 樹種の来歴

　マスクメロンのような甘いメロンは、世界の温暖な地域で広く栽培され、熟したメロンの甘さが珍重され高く評価されています。従来、メロンの原産地はアフリカ大陸で、ニジェール川流域（現在のギニア共和国付近）、あるいは東アフリカであるとする説が有力とされてきました。また、メロンの栽培化は、3000年以上前の古代エジプトで始まり、古代ギリシャ、古代ローマに拡がり、別のルートは中近東、インド、中国などアジア全体に分散し、二次的な栽培化と多様化が起こったと考えられていました。

　ところが2010年、ドイツの研究チームは、メロンの多様性の中心地は、ヒマラヤ地域に祖先集団があると発表しました（文献１）。DNA配列の解析などから、甘いメロンはアジア起源であり、オーストラリアとインド洋周辺に近縁種が多数存在することを突きとめました。つまり、甘いメロンの野生種の祖先はインドであり、最も近い親戚はオーストラリアの種であることが発見されたのです。

　今日栽培されているメロンは、100〜300年前に分岐した２つの野生の系統に由来します。最初のものはアジアに限定されています。２番目のものはアフリカです。アジアの系統からは、商業的に重要なカンタロープメロン、ハニーデューメロンなどを含む全ての現代の品種が生み出されました。アフリカの系統ではファダシメロンなどがあります。オーストラリアとニューギニアの系統はいまだに栽培化されていません。

　また、アジアの文献解析から、９世紀にアラビア語で書かれた植物辞書に、ペルシャ（現在のイラン）には甘いメロンがあると記述

されています（文献2）。ヨーロッパにおける甘いメロンの最初の文献的記述は、半乾燥気候のイベリア半島南部にあるアンダルシアからのものであり、11世紀後半に書かれました。甘いメロンは、イスラムによるヨーロッパの征服の結果、中央アジアから地中海に伝播したと考えられています。

　日本では、縄文時代の遺跡からウリ科の種子が発見されていますが、それらは東洋系のメロン（マクワウリ）で、西洋系の甘いメロンではありません。西洋系の高級メロンが伝来したのは明治になってからです。甘いメロンが大衆化したのは、1960年代に登場したプリンスメロンからです。

2．主な品種

○　アールスメロン

　アールスメロン（「アールス・フェボリット」）は、イギリスで育成された品種で、大正時代に導入されました。果肉は黄緑色で多汁で甘く、香りがあり、高級メロンの代表です。

○　アムスメロン

　アムスメロンは、「アールス・フェボリット」と「ロッキーフォード」から生まれた系統に「オーゲン」を交雑して生まれた品種です。財団法人日本園芸生産研究所によって交配育成され、1974年に発表されました。

○　夕張メロン

　"夕張メロン"は商品名で、品種名は「夕張キング」です。北海道夕張市で、「スパイシー・カンタロープ」と「アールス・フェボ

リット」を交配して生まれた品種です。寒冷地で栽培されているメロンです。品質基準を満たしているものを"夕張メロン"として出荷しています。

○　プリンスメロン

　わが国で育成されたプリンスメロンは、西洋系メロンと東洋系メロンを掛け合わせて作られたメロンです。「シャランテ」と「ニューメロン」の交配品種で、大衆メロンの先駆けです。

3.　選び方

　果実の形が整っていて、ずっしりと重いものが美味しいメロンです。ネットメロンでは、網目が細かく全体的に良く出ているものが高品質です。メロンのおしりに弾力があり香りが出ているものが食べ頃です。

4.　機能性成分

　メロンは、甘くて美味しい割に、カロリーが低い果物で、**ビタミンＣ**が豊富です。心臓病予防効果が期待できる**葉酸**、代謝に不可欠な**ナイアシン**なども多く含まれています。赤肉系メロンには、抗酸化力が強い**β - カロテン**が極めて多く含まれています。白肉系メロンにも、赤肉系よりも少ないのですが β - カロテンが含まれています。β - カロテンは、体内で日本人に不足しがちなビタミンＡに変換されます。また、メロンには、**カリウム**が豊富に含まれています。カリウムが不足すると血圧が高まります。さらに、メロンにはアミノ酸の一種である**ギャバ**（GABA：γ - アミノ酪酸）が含まれていることも見出されています。

一口メモ

1. マスクメロンとは

　マスクメロンは、芳香が強いネットタイプのメロンの総称で、一つの品種を指すものではありません。アールスメロンがその代表品種で、高品質ものは、網目が細かく盛り上がっています。

2. メロンの考古学的証拠

　アジアで最も古いメロンの遺跡は、中国で紀元前3000年前、インダス渓谷では紀元前2300年から1600年前です。最古のアフリカのメロンは、紀元前3700年から3500年前のエジプトにさかのぼります。

3. 古代エジプトのメロンは、甘くなかった

　3000年前の古代エジプトや古代ローマの壁画に描かれているメロンは、キュウリに似たスネークメロンなどです。こうしたメロンは、未熟な状態で収穫され、キュウリのように野菜として利用されていました。淡白な風味があり、未熟なときに食べられ、完熟しても甘くなりません。

4. 旅行記に記載された甘いメロン

　13世紀後半、マルコ・ポーロの「東方見聞録」には、中央アジアで見聞した甘いメロンについての記載があります。別の旅行記では、中央アジアのシルクロードのオアシス都市サマルカンドには、極めて甘いメロンがあるとの記録が残されています。

5. ルネサンス期のメロン

　15世紀後半、ルネサンス期のイタリアに甘いカンタロープメロン

が伝来しました。当時、甘いメロンの人気は高く、「ルネサンスの宝石」と称されていました。

【参考文献】

1) Sebastian, P. et al.: Cucumber（Cucumis sativus）and melon（C. melo）have numerous wild relatives in Asia and Australia, and the sister species of melon is from Australia. ProNAS, 107: 14269-14273.（2010）［doi: 10.1073/pnas.1005338107］

2) Paris, H. S. et a;.: Medieval emergence of sweet melons, Cucumis melo（Cucurbitaceae）. Ann. Bot.,110: 23-33.（2012）［doi: 10.1093/aob/mcs098］

スイカ （西瓜）

1. 樹種の来歴

スイカは、ウリ科の植物で、たっぷりとした水分とシャキシャキとした歯ごたえに特徴があるさわやかな感覚を与えてくれる果物です。

分類学の父と称えられているリンネの弟子が1773年に南アフリカで収集したスイカの野生種のコレクションに基づき、栽培化されたスイカの起源は南アフリカ中央部のカラハリ砂漠、サバンナ地帯と長い間考えられてきました。ところが、南アフリカで収集された現代のスイカの起源とされた標本のDNAを解析した結果、現代のスイカとは異なることが分かりました。つまり、現代の甘いスイカは、これまで信じられていた南アフリカではありませんでした。

そこで遺伝解析、考古学的データ解析が行われた結果、スイカの原産地は北東アフリカが有力となりました（文献1）。核遺伝子配列の系統解析では、苦味のない白い果肉のスーダンのコルドファン

メロンが栽培されたスイカに最も近い親類で、おそらく祖先であることが見出されました。さらに、現在の赤くて甘いスイカは、ナイル川下流の古代エジプトで栽培化されたことも示唆されています。ただし、系統発生解析データは、低い確率ですが西アフリカのエグシメロンの可能性も残されています。

　古代エジプトでは、5000年以上前からナイル川渓谷でスイカが栽培されていました。エジプトの墓の壁には、巨大なスイカの絵が描かれています。

　ヨーロッパでは、イベリア半島に導入され、次第に北上しました。10世紀にコルドバで、12世紀にセビリアで栽培された記録が認められています。北アメリカには、スペイン人が導入しました。すぐに、フロリダ州などアメリカ南西部全体で栽培されました。イエズス会の宣教師は、1673年にミシシッピ川のほとりでスイカが育っていると記録しています。

　7世紀にはインドでスイカが栽培され、10世紀には中国に到達しました。わが国へのスイカの伝来についての時代考証は進んでおらず不明な点が多いのですが、16世紀後半、室町時代にはスイカが栽培されていたと考えられ、19世紀頃には全国で栽培されていたと思われます。日本への伝来ルートは、中国説とポルトガル説があります。明治時代になるとアメリカから、淡い緑がかったクリーム色の果皮で甘い「アイスクリーム」などの品種が導入され、奈良県などで栽培されました。

　我が国でスイカの接ぎ木を実用化したのは、兵庫県の農家の竹中長蔵で、カボチャの台木にスイカを割り接ぎしたのが始まりです（1927年）。産地に蔓延する土壌病害であるつる割れ病の回避のため、

つる割れ病にたいする抵抗性のカボチャの台木にスイカを接ぐことで病害の発生を抑制することができるようになりました。

2. 主な品種

　異なる品種を掛け合わせて得られた「雑種」（ハイブリッド；hybrid）の第一世代（F1世代）は、雑種強勢という現象により、その一代に限り、両親より優れた性質を示すことが知られています。この仕組みを利用した品種を、「F1品種」、「一代雑種」、「ハイブリッド品種」、「交配種」などと言います。また、F1品種の種子を播種しても雑種第2代（F2世代）、その性質はF1世代とは異なり、不均一となり、一般的にはF1品種より品質が劣ります。

　近年育成されたスイカの品種は、ほとんどがF1品種で、生育が良く、収穫量も多く、実の揃いが良いものです。また、耐病性が強い親を掛け合わせたものは病害に強く、育てやすい特長があります。

　また、F1品種は、栽培特性上、種苗業者段階で親品種の種子を厳重に保管することで、品種の流出を防止することが可能であるため、特にF1品種が多いスイカでは品種登録しないことが多くなっています。代わりに、「祭ばやし」、「しまおう」、「ひとりじめ」などは、商標登録されています。

○　祭ばやし

　「祭ばやし」の最大の特徴は、口にした時のコクや風味です。果皮は濃緑色で、果肉は鮮やかな紅色です。肉質は緻密で、甘くてシャリっとした歯触りのよい食感が楽しめます。重量は平均7kgほどの大玉で贈答用にも用いられています。草勢は中くらいで、雌花の着生・着果性が優れています。

○ 縞王（しまおう）

「縞王」は、その名が示すように果皮のきれいな縞模様が特徴です。果肉は柔らかく、糖度は11〜12度と高く、十分な甘みが楽しめます。果肉色は鮮やかな紅色で、果形はやや腰高型、重量は7〜9kgくらいです。北海道から沖縄まで全産地で栽培されています。

○ 小玉スイカ

重量が1.5〜3kgと小さく冷蔵庫に入れやすいスイカを小玉スイカと呼びます。外見や味は大玉と変わりませんが、果皮が薄いので可食部分が多く甘味もあります。小玉スイカの代表的な品種は、「ひとりじめ」で、シャリ感と甘さに優れています。

3. 選び方

果実の皮の黒と緑の縞模様がくっきりしていて、ずっしりと重く、ツル付きはツルが緑色のものがおいしいスイカです。また、カットスイカは種が黒く果肉が締まっているものがよいでしょう。果実をたたいて発生する音で熟度を知る方法は、正確な判断が難しいことも知っておきましょう。

4. 機能性成分

スイカの水分は89.6％です。ビタミンやミネラルの供給源としても優れています。ミネラルでは、日本人に不足しがちな**カリウム**が120mg/100g含まれているだけでなく、**カルシウム、マグネシウム**も豊富です。ビタミンでは、緑黄色野菜の指標である**β-カロテン**は830µg/100gも含まれているので、不足しがちなビタミンAの供給源として優れています。緑黄色野菜の定義は、可食部100g当た

りカロテン含量が600μg以上含まれていることを条件としているので、スイカは十分な量を保持しています。緑黄色野菜とは、ビタミン、ミネラルが多く、おもに体の調子を整えるもとになるものです。芽キャベツ（結球葉、生：710μg/100g）やオクラ（果実、生：670μg/100g）、トマト（果実、生：540μg/100g）よりもスイカの方がカロテンが多く含まれています。

また、果肉の赤いスイカには、**リコピン**が多く含まれています。リコピンは、同じ仲間であるβ-カロテンと違って、体内でビタミンAには変わりませんが、β-カロテンの2倍の抗酸化能を持つ抗酸化物質です。リコピンを多く含む食品としてトマトが有名ですが、アメリカ農務省(USDA)の研究によると、生のトマトよりもリコピンを平均すると約40％も多く含むことが分かりました（文献2）。

さらに、スイカから発見されたアミノ酸の一種であるシトルリンが含まれています。シトルリンは、血中の一酸化窒素の代謝に関与していると考えられています。

スイカは水だけと思われがちですが、実際は多くの栄養素が含まれている優れた食材です。

一口メモ

1. ツタンカーメン王とスイカ

1922年、第18王朝のファラオ、ツタンカーメン（紀元前1323年頃、享年18歳前後）の墓が約3000年間、盗掘にあわず無傷のまま発見されました。他の多くの墓の埋葬品が盗賊によって奪われていたため、ツタンカーメンの墓から発掘された並外れて豊かな宝物は世界を驚かせました。貴重な装飾品と共にスイカなどの食べ物も含まれていました。精巧に編まれた籠には、スイカが入っていました。古代エ

ジプトのスイカは、現世と来世の生活に欠かせない物でした。現世の寺院の壁には、神々に捧げられた大量の食物が刻まれています。来世の墓には、あふれんばかりの供え物がテーブルに飾られていました。エジプトの死後の世界の認識と、スイカが埋葬の場面に登場した理由は、エジプトのファラオは、死後の長い旅の途中で、水が必要になるためと考えられています。スイカに含まれている90%前後の水分は、砂漠に囲まれた王国の人たちにとって命を救う水の補給源です。日陰に保管すると最も暑く乾燥した季節を乗り切ることができました。

2. 古代ギリシャ、ローマ時代のスイカ療法

　古代ギリシャでは、スイカはペポンと呼ばれていました。ヒポクラテスやディオスコリデスなどは、ペポンの治癒特性を賞賛し、利尿剤として処方したほか、熱中症の子供の頭に冷たく湿った皮をのせ治療していました。また、古代ローマの自然主義者、大プリニウスは、博物誌（１世紀）の中で、スイカを「冷却に適した優れた食品」と記述しています。

3. スイカは天然のスポーツドリンク

　スイカは水分が多いので、熱中症や脱水症予防に有効です。脱水症は、水分摂取量の減少、もしくは水分喪失量の増加、あるいは両方が同時に起きると発生します。スイカには水分がたっぷり含まれていて、その割合は牛乳よりも高いことが知られています。

　運動などで汗をかき、水分とともに、ナトリウムやカリウムなどのミネラルが失われると熱中症になります。症状が進むとめまいや頭痛になります。熱中症予防には、普段の食事からの水分やミネラ

ルの補給が大切です。

　熱中症予防は、細胞内液を調節しているカリウムと、細胞外液を調節しているナトリウムが重要な役割を果たしています。国民健康栄養調査によると、ほとんどの日本人は、ナトリウム（食塩）を過剰に摂取している一方で、カリウムの摂取量が大幅に不足しています。カリウムが不足すると、筋肉などで細胞内脱水が起きます。スイカにはカリウムが多く含まれていますが、スポーツドリンクにはあまり含まれていません。

　さらにスイカには、体温を調節し熱中症予防に働くマグネシウムやカルシウムなどのミネラルもスポーツドリンクとほぼ同等です（表3）。

　スイカとスポーツドリンクで異なるのは、ナトリウム（食塩）です。スイカに食塩をほんの少し加えると天然のスポーツドリンクに

表3　スイカとスポーツドリンクの成分表

	スイカ	スポーツドリンク
エネルギー	41kcal	21kcal
水分	89.6g	94.7g
炭水化物	9.5g	5.1g
ナトリウム	1mg	31mg
カリウム	120mg	26mg
カルシウム	4mg	8mg
マグネシウム	11mg	3mg
ナイアシン	0.3mg	0.8mg
ビタミンB6	0.07mg	0.12mg
ビタミンC	10mg	Tr
食塩相当量	0g	0.1g

※日本食品標準成分表　2020年版（八訂）

なります。スイカは、スポーツドリンクのように、水分、ミネラル、ビタミンを手軽に摂取できます。

4. スイカの害虫ウリミバエの根絶

　スイカなどウリ類を食べる大害虫ウリミバエは、東南アジアなどに広く分布しています。わが国は、この大害虫の侵入を防ぐため植物防疫法によって害虫発生地のスイカなどの輸入を禁止しています。しかし、このウリミバエは、八重山群島に侵入後に北上し、1974年までに沖縄県全域と鹿児島県の奄美群島に侵入したため、この地域内のスイカなどの移動規制が行われ、沖縄産のスイカなどは本州などでは食べられなくなりました。

　そこで、不妊虫放飼法によるウリミバエの根絶のための事業が開始されました。不妊虫放飼法とは、ウリミバエを増殖施設で大量に生産して、ガンマ線照射により不妊化した虫を野外に放ちます。不妊虫と交尾した野生虫の産む卵はふ化しないので子孫は育ちません。不妊虫と野生虫の交配が多くなると、野生虫同士の交尾の機会は少なくなるため、世代を重ねると次第に虫は減り、絶滅することになります。この巧妙な方法により沖縄県と奄美群島のウリミバエは1993年までに完全に根絶することができました。世界的に誇れる成果です。今では、沖縄のスイカや他のウリ類なども本州などでも食べられます。

5. スイカは天使の食べ物

　アメリカの国民的な作家で「トム・ソーヤーの冒険」などの著者であるマーク・トウェインは、スイカを「世界のぜいたく品の中でも最高で、スイカを味わったら、天使が何を食べているかを知るこ

とができる」と表現しました。スイカを神の使いである清らかでやさしい天使の食べ物に例えました。

◆種なしスイカの原理と作成法

　世界で最初に種なしスイカを生み出したのは、植物遺伝学者の木原均博士です。種なしスイカは、遺伝子情報を格納している染色体の異常を利用しています。スイカは細胞の核内に染色体を２セット持っていますが、コルヒチンを利用するなどして種を作らない染色体異常の３倍体を作ります。

　具体的には、２倍体品種のスイカの芽生え（子葉の時期）の芽にコルヒチン溶液（染色体を倍加する薬剤）で処理します。すると４倍体のスイカができます。翌年、この４倍体の種子を播き、咲いた雌花に普通のスイカの花粉を授粉させて３倍体のスイカを作ります。翌年、この３倍体の種子を畑に播くと種なしスイカができます。

【参考文献】

1）Renner, S. S. et al.: A chromosome-level genome of a Kordofan melon illuminates the origin of domesticated watermelons. Proc. Natl. Acad. Sci., 118: e2101486118.（2021）

2）Arnold J, Agri. Res. Maganine 50:12（2002）http://www.ars.usda.gov/is/AR/archive/jun02/lyco0602.pdf

第4章

✤

果物を上手に活かす

前章では、日本国内で主に愛されている果物について、その来歴や栽培の特性、一口メモとして様々な雑学をご紹介しました。ここからはいよいよ、果物の上手な活かし方について言及したいと思います。みなさんの暮らしの中に、果物をどう取り入れるか。ぜひ活用いただければ幸せです。

1. 果物の甘さと美味しさ

●果実の甘い部分はどこか

　果樹では、果実が枝に付いている部分を果梗部（かこうぶ）と言います。その果梗部の反対側、俗に果物の［お尻］などと呼ばれるのが果頂部と言います。何だか逆に感じられますよね。

　さて、一般的には果頂部のほうが果梗部よりも甘く、また、種子がある内側より外側に行くほど甘みは増加します。ブドウの場合、果粒ひと粒ひと粒をみると上記の通り、軸の付いている果梗部よりも果頂部のほうが甘いのですが、房を一つの果実として見た場合は、実は概して果梗部（上の方）の果粒のほうが甘いようです。

　その理由は、最初にできた古い組織ほど、早くから糖が蓄積しているからとされています。

　モモの縫合線（溝になった）の部分とリンゴの［みつ］の部分も甘味は弱いのですが、モモの縫合線の部分は組織が新しいからで、リンゴの［みつ］の部分は甘みの弱いソルビトールが充満しているからです。

●果実を冷やすと甘味が増す？

　果物の糖には、果糖、ショ糖、ブドウ糖、ソルビトールがあります。室温での甘みの強さは、ショ糖（自然なソフトな甘みで、甘味が舌に持続）を1とすると、果糖（あっさりした甘み）が最も強く1.15〜1.73、ブドウ糖（さわやかな甘み）は0.64〜0.74、ソルビトール（清涼感のある甘み）は0.6です。

さて、果実を冷蔵庫に入れると甘みが増します。この理由は、果実は大なり小なり果糖を含んでおり、冷やすと α 型果糖が β 型果糖に変わり、β 型果糖の甘みは α 型果糖より３倍も高いからです。ちなみに β 型果糖は室温に戻すと、再び α 型果糖に戻ります。

●果物の食べ頃を決めるものとは

甘さは美味しさを決める重要な要因ですが、果物の美味しさを決めるのはそれだけではありません。

・適度な酸味　・食べる時の歯ごたえ　・豊かな香り　、がとても大切です。

みずみずしい果物＝水分が多いと細胞に張りがあり、サクッとした歯ごたえや食感が得られます。適熟期を過ぎると食べた時に細胞がつぶれず、多汁感が失われたり、細胞がバラバラに離れやすくなり口の中でザラザラした食感になることがあります。

また、一見すると甘味の逆に見えるかもしれませんが、渋みや苦みという要素も果物にとっては大切です。ナリンジンやリモノイドなどの苦味成分、カテキンなどの渋味成分、アミノ酸（１分子内にアミノ基とカルボキシル基とを併せ持つ化合物を言います）などのうまみ成分によって、深みのある味やコク味が形成されるのです。俗に言う果物の［食べ頃］とは、これらの成分や要因がバランスよく果実に現われた時のことを言うのです。

2. 果物を調理する場合は？

●調理による成分の変化

　前項でもご紹介した通り、ほとんどの果物は生で食べるのが基本です。しかし、ジュースで摂取する機会も多いでしょう。市販の100％ジュースの成分は生鮮果物と比べても、食物繊維が少ないこと以外はほとんど同じです。

　また、果物は加熱調理する料理に利用されることがあります。アメリカ・ハワイの郷土料理では、豚肉とパイナップルを合わせることがあります。鴨のローストにはオレンジのソースがよく合うし、七面鳥にはクランベリーソースが定番です。

　では果物を加熱調理するとどうなるでしょう？　栄養面も味の面からも、果物はなるべくそのまま生で食べるのが望ましいですが、世界各地の食文化として、調理に果物を取り入れることは、独特の風味を加えることにもつながり、食を楽しくしてくれる要素でもあります。

　ここではごく簡単に、加熱調理した時の果物の成分はどうなるのかをご紹介しておきましょう。

　水溶性ビタミンはその名の通り、水中に溶け出しやすいビタミンです。ビタミンＣやビタミンＢ群は、水で茹でることで溶け出しやすく、損なわれてしまいます。そこで、加熱調理による水溶性ビタミンの損失を少なくするには、水を使わない調理が適しています。

　水溶性ビタミンに対して、脂溶性ビタミンというのもあります。

βｰカロテンなどのカロテノイドは脂溶性なので茹でてもあまり減りませんが、油で揚げたり炒めたりすれば、やはり有効成分は油に溶け出しやすくなります。

ポリフェノールの多くは加熱に強いと考えられていますが、ケルセチンを除くフラボノイドの多くは果物の中に「糖と結合して水に溶けやすい形」で存在するため、煮ると煮汁中に溶け出しやすいことが知られています。

イチジクやパイナップル、マンゴーやパパイヤなどに含まれている、タンパク質分解酵素は「加熱によって損なわれるかどうか」よりも「タンパク質と一緒に摂る」ことにこそ、意味があります。酵素自体は加熱すると活動が止まってしまいますが、肉類などと一緒に食べることで消化器官の中で消化を助ける働きをしてくれます。

砂糖などを使うよりも果物の甘味を調理に生かし、豊かな風味を料理に加える効果だけでも、果物を活用する意味は大いにあると考えます。

●皮ごと食べる？ むいて食べる？

果物の｛食べ方｝について考える時、加熱調理を「するか／しないか」以前に［皮ごと食べるか］［皮をむいて食べるか］というテーマもあります。

"リンゴは皮ごと食べたほうが健康に良い"という話をよく耳にします。その根拠は、果皮には食物繊維などの成分が多いからです。そこで皮付きの果肉と果肉のみの場合について、『日本食品標準成分表』（2015年）で比較してみましょう。

100g当たりのカロリーは、皮付きで61kcal／果肉のみが57kcalで、ほぼ差はありませんでした。食物繊維の含量も、皮付きは1.9g

／果肉のみは1.4g。無機成分やビタミンの含量にも大きな違いはありません。ただ、赤いリンゴの果皮には、健康に良いアントシアニンを多く含みますので、赤いリンゴについてだけは、皮ごと食べる有意性はありそうですね。

　しかし、なにより大切なのは美味しく食べることです。それが一番、健康のためになります。皮そのものは決して［おいしい］とは言えませんし、皮を食べることに違和感のある人もいるでしょう。そんな場合は、無理に皮付きのまま食べる必要はないでしょう。どうか健康効果のことなど気にせず、皮をむいておいしく食べてください。

　また、果物によっては皮をむいたほうが圧倒的においしい、というものもあります。例えばカキは、果皮と果肉との間に渋みが残るので、皮はむいたほうがおいしいでしょう。

　繰り返しになりますが、細かい事を気にするよりも大切なのは、『毎日くだもの200グラム運動』で勧めている、果物を毎日200g以上食べ続けることです。それには美味しく、ストレスなく続けられる食べ方を探るのが一番でしょう。

3. 果実の貯蔵法と出回り時期

●果実の貯蔵法について

貯蔵法としては次のようなものがあります。

- ・低温貯蔵法
- ・CA 貯蔵法：低温下で酸素濃度、炭酸ガス濃度を２％程度に保つ
- ・MA（MAP）包装法：プラスチックフィルムで果実を包装すると包装内が高湿度になり、果実からの水分蒸散が抑制される。さらに果実の呼吸で包装内が低酸素・高炭酸ガス状態となり、上記の CA 貯蔵法に似た効果がある
- ・氷温貯蔵法：果実の氷結点の直前温度で貯蔵する
- ・冷温高湿貯蔵法：果実は低温・高湿下で貯蔵性が飛躍的に高まるものの、カビなどが発生する。そこで、低温・高湿下で負イオンとオゾンを照射してカビなどの発生を防ぎ、長期間の貯蔵を可能とする方法。2002年、田中敬一らが開発。
- ・1-MCP 法：1-MCP 法は設備投資がいらないこともあり、貯蔵法として期待されている。1-MCP は 1-メチルシクロプロペンといい、1996年に米国で開発された鮮度保持剤で無毒。この液体を果実に散布するとエチレン（果物の成熟を促進する）の生成を抑制し、長期間の鮮度保持が可能となる。室温下で本剤の処理により、日本ナシの「幸水」で10日間以上（無処理だと５日程度）、リンゴの「ジョナゴールド」で１か月以上、収穫時の鮮度が保持できることが分かっている。

さて、みなさんが一番知りたいのは、ご家庭での保存方法かと思います。

*リンゴ、日本ナシ、カキ、ブドウ、クリなどの保存方法
　これら温帯果樹の多くは、乾燥しないようにポリエチレン袋に入れて冷蔵しましょう。老化（成熟）を促進させるエチレンを発生するリンゴは、他の野菜や果物と分けて冷蔵したほうが良いでしょう。なお、モモは常温で保存して、少し軟らかくなり、香りが出てきたら冷蔵します。冷蔵庫から出して結露すると味が落ちてしまうので、出したら早目に食べるほうが良いでしょう。

*ブルーベリーの保存方法
　室温では５日程度、冷蔵庫（２℃）では２〜４週間貯蔵できます。長期貯蔵するには冷凍してください。

*カンキツの保存方法
　カンキツは貯蔵力があるので、温度が高くない、風通しの良い場所に置き、蒸れないようにするだけで保存できます。

*オウトウ（さくらんぼ）、ビワの保存方法
　オウトウやビワは冷蔵に弱いので、食べたい時に買ってすぐ食べるのが一番です。

*バナナの保存方法
　バナナは冷蔵すると、果皮や果肉が褐変します。むしろ皮をむいて一本ずつラップで密閉して冷凍したほうが味も落ちず、保存で

きます。

＊西洋ナシ、キウイフルーツ、マンゴー、アボカドの保存方法
　これらは追熟を必要とする果物です。常温に置いて追熟が終了し
　てから冷蔵しましょう。硬い（未熟な）果実を冷蔵すると、追熟
　が不十分になります。

　前項でもご紹介しましたが、果物には大なり小なり果糖を含んで
おり、食べる直前に短時間冷蔵すると、甘味が増す傾向があります。
できるだけ食べる直前だけでも冷やして召し上がると、よりおいし
く楽しめると思います。

●果実の出回り時期
　果樹の栽培には、露地栽培、無加温ハウス栽培、加温ハウス栽培
があります。出回り時期とは、いわば「旬」の時期。出荷量が多く、
味も良く、値段も比較的安価に落ち着きます。それぞれの果物の出
回り時期を知っておくことも、美味しくて安い果物を得る重要な方
法です。

○果物の主な健康機能性成分と効能

健康機能性成分	成分の主な効能
【食物繊維】	——大腸ガンの予防、心臓病の予防
・水溶性食物繊維	——コレステロールの低下作用、急激な血糖値上昇抑制、高脂血症の予防
・不溶性食物繊維	——便性状の改善、便秘の改善、痔疾の予防・軽減
【ビタミン】	
・ビタミンA	——夜盲症・角膜乾燥症の予防、聴覚機能の維持、生殖機能の維持、骨の発育・機能の維持、皮膚の健全保持、不足すると乾燥肌・ニキビ・吹き出物が出やすくなる…上皮・器官・臓器成長・分化に関与するため妊婦や乳児は特に必要
・ビタミンB_1	——糖・アミノ酸代謝に関与、身体の正常な発育・生殖作用などに不可欠、脚気の予防、不足すると肩こり・腰痛・食欲不振・疲れやすい…授乳婦は通常より多く摂取
・ビタミンB_2	——身体の正常な発育の維持、脂質のエネルギー化の促進、呼吸器・消化器・循環器系の粘膜の健全性の維持、眼・皮膚の働きの正常化…妊婦、授乳婦は通常より多く摂取
・ビタミンB_6	——不足すると、精神の不安定やけいれんを誘発、貧血、肌荒れ、鼻・口・目の周りの皮膚炎やニキビ・吹き出物・口内炎の発症、アレルギー症状が出やすくなる…妊婦、授乳婦は通常より多く摂取

・ナイアシン	——補酵素として糖質・脂質・タンパク質の代謝に関係しエネルギー産生を促進、アセトアルデヒドを分解し二日酔いの緩和…授乳婦は通常より多く摂取
・葉酸	——神経管発育不全の予防、心臓病など血管性疾患の予防、動脈硬化・脳卒中・アルツハイマー型認知症の予防、胎児の成長と妊娠の維持に不可欠…妊娠を予定している女性、妊婦、授乳婦は通常より多く摂取
・パントテン酸	——補酵素として糖・タンパク質・脂肪酸・エネルギー代謝に関与、抗ストレス効果、動脈硬化の予防、肌と髪の健康維持、腸内細菌でも合成され通常の食生活をしていれば欠乏症は起こらない
・ビオチン	——ブドウ糖のリサイクル・脂肪酸の合成・アミノ酸代謝に関わるカルボキシラーゼの補酵素、腸内細菌でも合成され通常の食生活をしていれば欠乏症は起こらない
・ビタミンC	——抗酸化作用、コラーゲンの生成に関与、メラニンの生成抑制、鉄分の吸収促進、毛細血管の機能保持・強化、コレステロール低下作用、ビタミンEの働き強化、免疫機能増強、脳卒中・ガン・白内障・壊血病の予防、アルツハイマー型認知症の発症軽減、欠乏は壊血病を起こす…授乳婦は通常より多く摂取
・ビタミンE	——抗酸化作用、ホルモン分泌の調整、末端毛細血管の血液循環の改善、不飽和脂肪酸の酸化抑制、生体膜の安定化、動脈硬化・ガンの予防、心臓病のリスク低減、アルツハイマー型認知症の発症軽減、パーキンソン氏病のリスク低減…授乳婦は通常より多く摂取

【ミネラル】	
・カリウム	——ナトリウムの排出を促し血圧の正常化（高血圧・脳卒中・心臓病など生活習慣病予防）、エネルギー代謝・細胞膜輸送・細胞内外の電位差の維持に関与、体液の浸透圧の調整、骨密度の維持…授乳婦は通常より多く摂取
・鉄	——鉄欠乏性貧血予防…妊婦、授乳婦は通常より多く摂取
・銅	——活性酸素の除去、コラーゲン形成機能の強化（骨折予防）、神経伝達物質の産出、鉄輸送とコレステロール代謝・糖代謝などに関与…妊婦、授乳婦は通常より多く摂取
・マグネシウム	——心臓病・糖尿病・骨粗しょう症・動脈硬化・高血圧の予防…妊婦は通常より多く摂取
・亜鉛	——様々な生理機能に関与…妊婦、授乳婦は通常より多く摂取
・マンガン	——骨の健康維持・皮膚の合成・インスリンの合成に関与、不足すると生殖能力の異常・肌荒れ・骨粗しょう症・糖尿病・脂質代謝異常を誘発
・モリブデン	——痛風の原因となるプリン体の無毒化、炭水化物・脂質の代謝に関与
・カルシウム	——心臓などの筋肉伸縮や神経機能に関与、骨の形成、骨粗しょう症の予防、血圧の低下
・リン	——エネルギー代謝に関与
・ナトリウム	——浸透圧や酸・塩基の平衡の調節に重要な役割を果たしているが、過剰摂取は生活習慣病の危険因子

【ポリフェノール】	
［フラボノイド］	
(1) フラバノン	——血糖値低下作用、インスリン感受性上昇作用
・ヘスペリジン	——抗酸化作用、抗炎症作用、抗アレルギー作用、毛細血管強化、血流改善、循環器系疾患の予防
・ナリンギン	——毛細血管強化、循環器系疾患の予防
(2) フラボン	
・ポリメトキシフラボノイド（ノビレチン・タンゲレチンなど）	——抗酸化作用、抗炎症作用、抗アレルギー作用、糖代謝・脂質代謝改善、ガンの予防
(3) アントシアニン	——抗酸化作用、抗炎症作用、血圧上昇抑制、毛細管強化、肝機能改善、眼精疲労回復、痛風のリスク低減、心臓病・ガンの予防
(4) カテキン	——抗酸化作用、抗アレルギー作用、抗変異原性作用、血小板凝集抑制、血圧上昇抑制、腫瘍・ガン・循環器系疾患の予防、口臭の予防
(5) フラボノール	
・ケルセチン	——抗酸化作用、抗う蝕・抗菌作用、抗アレルギー作用、血圧上昇抑制、動脈硬化抑制、肺ガンの予防
［クマリン］	
・オーラプテン	——ガンの予防
［スチルベン］	
・レスベラトロール	——ガンの予防・抑制、心臓病の予防
［タンニン］	
・プロアントシアニジン	——抗酸化作用、抗腫瘍作用、細胞の老化防止、ガン・動脈硬化・心筋梗塞・脳卒中の予防、二日酔いの予防、細胞の老化防止

【リモノイド】 ・リモニン・ノミリ 　ン・オーバクノン	——抗腫瘍作用、毛細血管強化、血流改善、ガンの 予防
【カロテノイド】 ・α-カロテン ・β-カロテン ・β-クリプトキサンチン ・リコペン ・ルテイン・ゼア 　キサンチン	——抗酸化作用、ガンの予防、眼病の予防 ——ビタミンＡの作用 ——ビタミンＡの作用、夜盲症の予防・改善 ——ビタミンＡの作用、ガンの予防に効果大 ——血流の改善 ——抗酸化作用、眼病の予防
【アルカロイド】 ・シネフリン	——交感神経の活性化、気管支の拡張、のどの痛み の軽減
【糖質・有機酸】 (1) 糖質 ・果糖、ブドウ糖、 　ショ糖 ・ソルビトール ・フラクトオリゴ糖 (2) 有機酸 ・リンゴ酸・クエン 　酸・酒石酸・キナ 　酸	 ——最も基本的なエネルギー源、運動後の栄養補給 ——便秘の改善、虫歯菌の作用抑制 ——ビフィズス菌の増加、便秘の改善 ——疲労物質［乳酸］の減少、カルシウムの吸収促 進、TCAサイクルの構成成分

資料：『日本食品標準成分表』（2015年）、『果物の真実』、『果物の新常識』より抜粋。

（注）　・オレンジ：バレンシアオレンジとネーブルオレンジのこと。
　　　　・タンゴール：ミカン類（皮がむきやすいカンキツの総称）とオレンジの雑種の総称です。タンゴールには、「清見」、「伊予柑」、「タンカン」、「せとか」、「天草」などがあります。

（注）

＊**食物繊維**：人間の消化酵素では加水分解できないデンプン以外の多糖類とリグニンのことです。食物繊維には、ペクチンなどの水に溶けやすい性質の水溶性食物繊維と、セルロース、リグニンなどの不溶性食物繊維があります。

＊**コレステロール**：脂質の一種で、細胞膜やホルモンの構成成分の一つです。コレステロールは血中でリポタンパク質（タンパク質と脂質とが結合したものの総称）と複合体を作り、このリポタンパク質の違いで、LDL-コレステロール（悪玉コレステロール）と HDL-コレステロール（善玉コレステロール）に分かれます。LDL-コレステロールは、コレステロールを体内の細胞へ運ぶ役割を担い、HDL-コレステロールは、消化されずに余ったコレステロールを肝臓へ戻す役割を担っています。

LDL-コレステロールは血中を回っている時に、活性酸素により酸化されて酸化型 LDL-コレステロールになります。白血球の中のマクロファージ（掃除部隊）は、このコレステロールを異物と認識して攻撃します。双方は最終的に粥状の塊になり、傷ついた血管壁に取り込まれると血管壁を硬化させ、動脈硬化を招く原因となります。動脈硬化の原因は、LDL-コレステロールそのものではなく、真の

悪玉は酸化型 LDL-コレステロールです。

* **ビタミン**：人の体内の代謝に必須であるにもかかわらず、体内で作ることができない微量の化合物を言います。ビタミンには、水溶性ビタミンと油溶性ビタミンがあります。水溶性ビタミンにはビタミンＣ、ビタミンＢ₁、ビタミンＢ₂、ビタミンＢ₆、葉酸、ナイアシン、パントテン酸、ビオチンがあり、油溶性ビタミンにはビタミンＡ、ビタミンＥがあります。水溶性ビタミンは、体が必要とする以上の量を摂取すると尿や汗となって体外に排出されるので、毎日摂取することが必要です。一方、油溶性ビタミンは、摂り過ぎると体内に蓄積されるので、過剰症などの悪影響を及ぼす場合があります。

* **ビタミンA**：ビタミンＡには、レチノールのほか数種類あります。ビタミンＡは動物にしか存在しませんが、植物に存在するカロテノイド（赤色、橙色、赤色、紫色を呈する色素）の α-カロテン、β-カロテン、β-クルプトキサンチンは、生体内で構造が変化してビタミンＡの効果を示し、プロビタミンＡと呼ばれています。これらは、体内に蓄積しても過剰症は起こしません。必要なビタミンＡが足りているとプロビタミンＡはビタミンＡに変換されずに、そのままの形で身体の中を循環します。

* **脂肪酸**：脂肪酸は、脂肪または油の構成要素です。脂肪酸は、体内に入ると脂肪組織の中にエネルギー源として蓄えられ、また、細胞膜、脳、各種ホルモンを構成する材料になり、重要な働きを持っています。脂肪酸には、炭素間の結合に二重結合のない飽和脂肪酸と、二重結合のある不飽和脂肪酸（二重結合が１の一価不飽和脂肪酸、２つ以上の多価不飽和脂肪酸）があります。飽和脂肪酸は、牛肉の脂肪や乳脂肪など動物性油脂に多く含まれ、パルミチン酸、ステアリン酸などがあります。摂取量が多いと心臓病、糖尿病の罹患リス

クが増え、反面少な過ぎると脳出血のリスクが増えます。

一方、不飽和脂肪酸は果樹などの植物性油脂に多く含まれ、一価不飽和脂肪酸にはオレイン酸、パルミトレイン酸などがあり、多価不飽和脂肪酸には二重結合の位置によりn-3系脂肪酸（リノレン酸など）と、n-6系脂肪酸（リノール酸など）があります。n-3系脂肪酸は中性脂肪を減らし、HDL-コレステロールを増やします。n-6系脂肪酸はLDL-コレステロールを減らしますが、摂り過ぎるとHDL・LDL-コレステロールの双方を減らします。

＊**コラーゲン**：皮膚、血管、骨、軟骨、内蔵、歯、髪などほとんどの組織に存在する繊維状のタンパク質です。コラーゲンは、主に細胞と細胞をつなぎ止める働きをしています。

＊**ポリフェノール**：芳香環に水酸基（OH）が二つ以上ついた芳香族化合物の総称で、その数は5000種以上あります。その中で、果物に多く含まれ、健康に役立つ主な成分を表に記しました。具体例を一つ挙げますと、アントシアンはブドウの果皮に含まれている赤や青紫を呈する色素ですが、フランス人が肉や脂肪を多く摂るのに心臓病が少ないのは、アントシアンを高含有する赤ワインを多く飲んでいるからという調査報告があります。

ポリフェノールは摂取後、ほとんどは腸内細菌により分解されて吸収され、血中には代謝前のポリフェノールはわずかしか残っていません。また、吸収された成分は短ければ数時間、長くても2日ほどで尿や便とともに体内から排出されてしまいます。そこでポリフェノールの効果を期待するには、日常的に補給する必要があり、このためには果物の摂取が重要となります。

＊**ビフィズス菌**：ヒトの大腸内細菌の中では多い菌の一つで、糖から乳酸や酢酸を作り、腸内環境を整えたり、免疫力の向上、ビタミンB群の合成など、ヒトに有用な働きをします。

引用文献

科学技術庁（2015）日本食品標準成分表．大蔵省印刷局．

間苧谷　徹ら（2002）新編果樹園芸学．化学工業日報社．

間苧谷　徹（2005）果樹園芸博物学．養賢堂．

間苧谷　徹ら（2003）果物の真実．化学工業日報社．

間苧谷　徹（2016）くだものの魅力．日本園芸農業協同組合連合会．

中村三八夫（1978）世界果樹図説．農業図書株式会社．

新村　出（1987）広辞苑．岩波書店．

田中敬一ら（2016）果物の新常識．誠文堂新光社

中央果実協会（2018）毎日くだもの200グラム！9訂版．（公財）中央
　果実協会．

全教図（2013）日本のくだもの．全教図．

田中敬一（たなか けいいち）

昭和24年生

弘前大学大学院農学研究科修士課程修了　農林水産省果樹試験場入省

現 つくば生命科学研究所長　（国立研究開発法人）農研機構フェロー

元 文部科学省科学技術・学術審議会専門委員

科学技術長官賞研究功績者表彰、園芸学会賞功績賞など受賞　農学博士（名古屋大学）

共・著書：日本食品標準成分表2010（文部科学省）、果物の新常識（誠文堂新光社）、見直そう！くだもののちから－改訂版（日園連）　その他多数

間苧谷 徹（まおたに とおる）

昭和15年生

東京大学農学部卒業　　元 農林水産省果樹試験場　場長

元 国家公務員採用1種試験委員　　元 専門技術員資格試験審査委員

元 農林漁業金融公庫技術参与　　元 日本果樹種苗協会専務理事

元 日本園芸農業協同組合連合会顧問

現 （公財）園芸振興松島財団業務執行理事　農学博士（東京大学）

共・著書：果物の真実（化学工業日報社）　新編果樹園芸学（化学工業日報社）　果樹園芸博物学（養賢堂）　果物の新常識（誠文堂新光社）　その他多数

果物をまいにち食べて健康になる

2023年11月11日　初版発行

著者　　田中敬一・間苧谷 徹

発行　　株式会社 キクロス出版
　　　　〒112-0012　東京都文京区大塚6-37-17-401
　　　　TEL.03-3945-4148　FAX.03-3945-4149

発売　　株式会社 星雲社（共同出版社・流通責任出版社）
　　　　〒112-0005　東京都文京区水道1-3-30
　　　　TEL.03-3868-3275　FAX.03-3868-6588

印刷・製本　株式会社 厚徳社

プロデューサー　山口晴之　　エディター　浅野裕見子

©Tanaka Keiichi・Maotani Tooru 2023 Printed in Japan

定価はカバーに表示してあります。　乱丁・落丁はお取り替えします。

ISBN978-4-434-33168-8 C0077

「サービス」と「マリアージュ」の極意

エスキス 総支配人　**若林 英司**　著

A5判 並製・本文220頁（一部カラー）／定価2,640円（税込）

全国のソムリエたちが憧れるソムリエが世界一の食の激戦
地、東京・銀座にいる。超一流のシェフをアシストして、
お店のスタッフたちをまとめ、テレビのレギュラー出演を
するなど、八面六臂の活躍はまさに「スーパーソムリエ」。
数多くのグルメガイドで、常に最高の評価をされ続けて
いるスキル（研ぎ澄まされた観察力と豊潤な言語力）と、
U理論（レベル1〜7）に基づいたマリアージュが本書で、
初めて明らかにされる。

第1章・大切にしていること／第2章・ソムリエの役割
第3章・マリアージュの理論／第4章・ソムリエの観察力と言語力
第5章・サービスの極意／第6章・私のキャリア
第7章・個人的に愉しむ／第8章・未来に望むこと

「日本茶インストラクター」には、未来がある

茶町KINZABURO

代表　茶師　前田 冨佐男 著

A5判 並製・本文208頁／定価1,980円（税込）

消費者に求められている事をきちんと理解してその期待に応えるために販売のプロフェッショナルは常に「進化」と「深化」する努力が必要です。

本書はTVチャンピオンの優勝から20年。静岡の日本茶インストラクターの新たな挑戦の軌跡から学ぶ、これからの専門店の生き残りのための教科書です。

第1章　茶町KINZABUROのマーケティング
第2章　茶問屋の仕事・茶どころ静岡について
第3章　これからの日本茶マーケティング
第4章　日本茶の基本を理解する

食卓と里山をつなぐ 36 人の「マーケティング力」

農政ジャーナリスト
たに りり 著

A5判 並製・本文 376 頁／定価 2,970 円（税込）

地球温暖化やコロナ禍、地政学的リスクなど不確実性の時代を生き抜く
ヒントは、「稲作とお米」にあった！お米のプロたちへの取材からみえ
てきたのは、食卓と里山をつなぐサステナブルな視点。そして、稲作
二千年の歴史で日本人が培ってきた「日本型SDGs」から、日本の向か
うべき方向が浮かび上がる。農家、ＪＡ、農水省・地方自治体、農業ベ
ンチャー、米穀店などコメ・ビジネス、炊飯器メーカー・食品メーカー
などの企業、中学入試問題の出題者など、幅広い事例を収録。

序　章　食卓がほんとうに欲しいもの
第1章　「売れない」のは仕方がないのか　〜販売の現場から〜
第2章　どこを向いて作るのか？　〜生産の現場から〜
第3章　コメ政策から水田農業政策へ　〜農林水産省に聞く〜
第4章　需要を創出するには何をすべきか？
第5章　25対75を目指して　〜有機農業への挑戦〜
第6章　稲作二千年のその先へ